SCHULE LEITEN
VON A BIS Z

Holger Dathe

UNTERRICHTS-
QUALITÄT

Cornelsen

SCRIPTOR

Herausgeber

Holger Mittelstädt ist Schulleiter und Schulentwicklungsberater in Brandenburg. Er unterrichtet die Fächer Musik und Deutsch. Darüber hinaus ist er in der Lehrer- und Schulleiterfortbildung tätig sowie Autor zahlreicher Veröffentlichungen zum Thema Unterrichts- und Schulmanagement.

Autor

Dr. Holger Dathe ist seit 2007 Hauptseminarleiter am Landesinstitut für Lehrerbildung des Landes Brandenburg. Davor war er dort Fachseminarleiter für Geografie und Lehrer für Sport und Geografie am Alexander-von-Humboldt-Gymnasium im Brandenburgischen Eberswalde.

Projektleitung: Gabriele Teubner-Nicolai, Berlin
Redaktion: Anja Sieber, Berlin
Umschlaggestaltung: Grafikdesign Claudia Adam, Darmstadt
Layout/technische Umsetzung: Dagmar & Torsten Lemme, Berlin

www.cornelsen.de

1. Auflage 2014

Die Links zu externen Webseiten Dritter, die in diesem Titel angegeben sind, wurden vor Drucklegung sorgfältig auf ihre Aktualität geprüft. Der Verlag übernimmt keine Gewähr für die Aktualität und den Inhalt dieser Seiten oder solcher, die mit ihnen verlinkt sind.

Druck: CPI – Clausen & Bosse, Leck

ISBN 978-3-589-16304-5

 Inhalt gedruckt auf säurefreiem Papier aus nachhaltiger Forstwirtschaft.

Inhalt

Vorwort

Unterrichtsbesuche – Last oder Chance? Für Schulleiterinnen und Schulleiter gehören Unterrichtsbesuche bei Lehrkräften zur Pflicht und kommen doch leider oft genug viel zu kurz. Gerade an großen Schulen ist es häufig organisatorisch völlig unmöglich, die Kolleginnen und Kollegen mindestens einmal im Jahr im Unterricht zu sehen.

Aber Unterrichtsbesuche sind nicht nur eine lästige Pflicht, in ihnen steckt auch eine große Chance zur langfristigen Veränderung und Verbesserung der Unterrichtsqualität der Schule. Insofern sind sie ein wichtiges Instrument der Schulentwicklung.

Sollen Hospitationen diesem Zwecke dienen, so ist es nicht hilfreich, nur der Form halber Unterrichtsbesuche durchzuführen, etwa weil es gerade einmal in einer Klasse oder wegen vieler Elternbeschwerden bei einer Lehrkraft „brennt". Vielmehr muss man sich auf Merkmale von gutem Unterricht einigen, Hospitationsschwerpunkte festlegen und eine gründliche Auswertung vornehmen.

Bei der Umsetzung dieses Vorhabens soll Sie das vorliegende Buch unterstützen. Es liefert Ihnen zahlreiche Vorschläge und Hilfsmittel, Unterrichtsbesuche zu einem effektiven, wirkungsvollen Schwerpunkt Ihrer Schulleitungstätigkeit werden zu lassen.

Der großartige Schriftsteller Erich Kästner wollte als Jugendlicher selbst Lehrer werden. In seiner Autobiografie *Als ich ein kleiner Junge war (Erich Kästner, Als ich ein kleiner Junge war, Atrium Verlag Zürich 1983, S. 55)* erkennt er schon in der ersten Vorführstunde, dass er nicht zum Lehrer taugt:

Die Professoren, die als pädagogische Beobachter dabeisaßen, merkten nichts von meinem Irrtum und nichts davon, daß ich selber, in dieser Stunde, ihn endlich begriff und daß mir fast das Herz stehenblieb. Doch die Kinder in den Bänken, die spürten es wie ich. Sie blickten mich verwundert an. Sie antworteten brav. Sie hoben die Hand. Sie standen auf. Sie setzten sich. Es ging wie am Schnürchen. Die Professoren nickten wohlwollend. Und trotzdem war alles grundverkehrt. Und die Kinder wußten es.

Ich wünsche Ihnen, dass Sie so wie Erich Kästner in der Lage sein werden, über die sensible Feinfühligkeit von Kindern zu erkennen, wann Unterricht gut ist, wann er trägt und wann es sinnvoll ist, einer Lehrkraft zu sagen, dass sie noch viel an sich und ihrer Lehrerpersönlichkeit arbeiten muss – oder eventuell sogar den Beruf verfehlt hat.

Ebenso sehr wünsche ich Ihnen, dass dieses Buch Ihnen dazu einige hilfreiche Anregungen für Unterrichtsbesuche liefert. Und sollten Sie sich einmal unsicher sein, wie Sie eine gesehene Unterrichtsstunde einschätzen können, dann fragen Sie die Schülerinnen und Schüler nach ihrer Meinung, die kleinen und großen Experten, die jeden Tag Unterricht mitbekommen – schlechten, aber auch sehr guten.

Holger Mittelstädt, Herausgeber

Notiz: Aus Gründen der besseren Lesbarkeit wird in diesem Buch durchgehend die männliche grammatische Form verwendet. Selbstverständlich sind damit immer auch Frauen und Mädchen gemeint, also Lehrerinnen und Schülerinnen usw.

Webcode: Sie können die speziell mit einem Webcode versehenen Kopiervorlagen aus dem Internet als PDF-Datei herunterladen. Sie finden dazu eine Zahlenkombination jeweils unten auf der Buchseite. Geben Sie diese unter www.cornelsen.de/webcodes ein. Achten Sie bitte darauf, dass beim Ausdrucken bei der Seitenanpassung „In Druckbereich einpassen" aktiviert ist, damit Sie eine DIN-A4-Seite bekommen.

1 Einleitung

Leistungsvergleichsstudien, wie TIMSS, PISA, IGLU und DESI offenbaren die schon seit vielen Jahren bestehenden Defizite unseres Bildungssystems. Als eines der größten Probleme in unseren Schulen tritt dabei die Qualität des Unterrichts offen zutage. Ziel einer jeden Schule sollte es sein, die Unterrichtsqualität ständig weiterzuentwickeln und eine Professionalisierung des Lehrerhandelns zu forcieren. Die mangelnde Qualität des Unterrichts hat ein breites Spektrum an Ursachen. Nicht zuletzt haben die heutigen Lehrer immer weniger Zeit, sich ihrer Hauptaufgabe, dem Unterrichten, zu widmen. Und damit meine ich die Unterrichtsvorbereitung, das eigentliche Unterrichten und die Unterrichtsnachbereitung.

Ein kaum noch zu verantwortender Teil der Zeit geht für nicht oder nur teilweise mit Unterricht im Zusammenhang stehenden Tätigkeiten verloren. Es müssen Vergleichsarbeiten geschrieben und mit unzähligen Statistiken ausgewertet werden, es müssen alle möglichen Evaluationsprozesse angeschoben und ausgewertet werden, das Schulprofil muss weiter vorangetrieben werden etc. Man könnte an dieser Stelle noch viele weitere Beispiele bringen, aber darum geht es hier nicht. Der Unternehmer Philip Rosenthal hat einmal gesagt: *„Wer aufhört, besser zu werden, hat aufgehört, gut zu sein."* Im Zusammenhang mit der in diesem Buch behandelten Problematik formuliere ich dieses Zitat etwas um, da es dann aus meiner Sicht genau den Kern trifft: „Wer aufhört, besser werden zu wollen, hat schon aufgehört, gut zu sein."

Viel zu oft hört man Sprüche in den Lehrerzimmern unserer Schulen wie

Was sich seit 30 Jahren bewährt hat, muss ich doch jetzt nicht mehr ändern.

Der moderne Firlefanz bringt eh nichts, ich mache meinen Stiefel und bei mir lernen die Schüler auch etwas.

Es geht natürlich nicht darum, jeden Lehrer verändern zu wollen. Es geht viel mehr darum, einen Prozess in Gang zu setzen, in dem die Lehrer über ihren eigenen Unterricht nachdenken. Zweifelsohne denken auch die meisten Lehrer über ihren Unterricht nach, manchmal ist es aber sinnvoll, eine außenstehende Person in diesen Prozess zu involvieren. Vor diesem Schritt haben leider viele

Lehrer Angst. Es könnte ja jemand in ihre „Karten" sehen. Aufgabe eines Schulleiters muss es in diesem Zusammenhang sein, den Kollegen diese Angst zu nehmen und die Potenziale aufzeigen, die den unbeliebten Hospitationen innewohnen. Wer als Lehrer die feste Absicht hat, sich ständig weiterzuentwickeln und selbst an seinem professionellen Lehrerhandeln zu arbeiten, sollte die Hospitationen als Chance zur Entwicklung der Unterrichtsqualität sehen und zu einem festen Bestandteil seiner Tätigkeit werden lassen. Ziel dieses Buches soll es sein, Schulleitern praxisorientierte Anregungen, Tipps und Hilfen in die Hand zu geben, um an ihren Schulen den Prozess der Qualifizierung des Unterrichts und der Professionalisierung des Lehrerhandelns voranzutreiben. Nachfolgende Leitfragen sollen diesem Buch einen „roten Faden" geben und auf die inhaltlichen Schwerpunkte verweisen.

Welche Kriterien gibt es zur Einschätzung der Unterrichtsqualität?

Über „guten Unterricht" ist schon viel geschrieben, diskutiert und sogar philosophiert worden. Die Studie *Visible Learning* von *John Hattie* hat nicht nur in Deutschland für mächtigen Wirbel unter den Erziehungswissenschaftlern und Unterrichtsforschern gesorgt. *Terhart* formulierte dazu treffend:

Hat John Hattie tatsächlich den Heiligen Graal der Schul- und Unterrichtsforschung gefunden? (Terhart 2011)

Irgendwie ähneln sich am Ende alle aufgestellten Kriterien für guten Unterricht. Verschiedene Autoren haben natürlich auch verschiedene Ansätze und unterschiedliche Gewichtungen in den einzelnen Bereichen. In diesem Buch geht es nicht darum, das Rad neu zu erfinden, sondern praxiserprobte Kriterien vorzustellen und vor allem Hinweise und Tipps für deren Anwendung und Umsetzung im Hospitationsalltag zu geben.

Wie kann die Qualität von Unterricht diagnostiziert und bewertet werden?

Die Diagnostik von Unterrichtsqualität ist ein vielschichtiges Problem und wie kaum ein anderer Bereich von stark subjektiven Faktoren geprägt. Ich kann schon an dieser Stelle vorwegnehmen, dass es nicht möglich ist, einzelne Kriterien numerisch zu bewerten, um dann am Ende mit dem Durchschnittswert eine Größe zu erhalten, die die Qualität des Unterrichts widerspiegelt. An eine Gewichtung einzelner Kriterien der Unterrichtsqualität hat sich berechtigterweise noch keiner so richtig herangetraut. Am Ende ist es auch unmöglich zu sagen, die effektiv genutzte Lernzeit der Schüler ist deutlich wichtiger als das vorherrschende Lernklima. Auf jeden Fall ist es aber möglich, bestimmte Kriterien in ihrem Ausprägungsgrad einzuschätzen. Daraus schlussfolgernd können dann Wege oder Zielsetzungen abgesprochen werden, die auf eine Steigerung der Unterrichtsqualität und Professionalisierung des Lehrerhandelns ausgerichtet sind.

Welche Hospitationsarten eigenen sich für welche Hospitationsanlässe?

In meiner langjährigen Erfahrung in der Ausbildung von jungen Lehrern ist mir bewusst geworden, dass es Sinn ergibt, für bestimmte Situationen auch die Art der Hospitation anzupassen. Die verschiedenen Modelle von Hospitationen sollen eine breite Palette an Möglichkeiten aufzeigen und ihre Anwendbarkeit fokussieren.

Wie kann ein Schulleiter den Prozess der Qualifizierung von Unterricht und Professionalisierung des Lehrerhandelns beeinflussen?

Dies ist sicherlich die schwierigste und zugleich aber auch spannendste Frage dieses Buches. Aber darum geht es ja letztendlich, wie ich als Schulleiter den Prozess der Qualifizierung von Unterricht und Professionalisierung des Lehrerhandelns beeinflussen kann. Natürlich gibt es auch hier keine Patentrezepte, an denen sich der Schulleiter nur strikt halten muss, um den Unterricht „seiner" Lehrer zu verbessern. Der Versuch, das Bild eines modernen Lehrers in verschiedene Bereiche aufzuteilen, soll eine Möglichkeit aufzeigen, Einflussbereiche des Schulleiters zu identifizieren und Ansätze für Entwicklungsreserven geben.

Anmerkung des Autors: Das im Text verwendete „Wir" bezieht sich auf eine Arbeitsgruppe von Seminarleitern im Land Brandenburg, die sich intensiv mit der Beobachtung und Bewertung von Unterricht auseinandersetzt.

2 Kriterien für die Beurteilung von Unterrichtsqualität

Welche Kriterien und dazu gehörige Indikatoren sind für eine höchstmögliche Objektivität der Beurteilung und Einschätzung von Unterrichtsqualität einsetzbar?

Welche inhaltlichen Aspekte und Betrachtungsweisen verbergen sich hinter den verschiedenen Kriterien und Indikatoren?

Wie kann ein praktikables Unterrichtsprotokoll aussehen?

Es gibt eine große Anzahl von Publikationen zum Thema „Was ist guter Unterricht?". Ob *Meyer* oder *Helmke, Gruschka* oder *Gudjons, Schillmöller* oder *Mühlhausen,* alle haben Kriterien zum guten Unterricht aufgestellt. Auch wenn jeder dieser Autoren vermeintlich seine eigenen, ganz spezifischen Kriterien aufgestellt hat, so kommt man als geschulter Betrachter am Ende trotzdem zu dem Schluss, dass sich die Kriterien sehr stark ähneln. Wie soll es auch anders möglich sein? Selbst die revolutionär dargestellte Hattie-Studie konnte mich nicht völlig überraschen. Gut ist an dieser Studie, dass die aufgestellten Gewichtungen für bestimmte Einflussgrößen auf den Unterricht statistisch belegt und durch die riesigen Stichproben und verschiedenen Untersuchungen abgesichert wurden.

Tipp

Versuchen Sie in einer ruhigen Phase, Ihre eigenen Kriterien guten Unterrichts aufzuschreiben und auch in der Praxis auszuprobieren. Viele der aufgestellten Kriterien erscheinen auf den ersten Blick einleuchtend und wichtig, Gradmesser ist aber für mich z. B. auch die praktische Umsetzung. Kann ich meine aufgestellten Kriterien auch beobachten und dann der Lehrkraft ein entsprechendes Feedback dazu geben. Behauptungen bringen einen in der Hospitationspraxis häufig nicht wirklich weiter, was zählt, sind treffende Beobachtungen, die als Indikator für bestimmte Merkmale oder Kriterien guten Unterrichts gelten können.

Wir haben uns in vielen Diskussionsrunden letztlich auf sieben Kriterien geeinigt und diese auch in vielen Jahren in verschiedenen Schulformen erprobt und für praxistauglich befunden.

2.1 Pädagogische Grundhaltung

In diesem Bereich geht es um die Annahme der Lehrerrolle. Diese Frage ist leider auch nicht mit Ja oder Nein zu beantworten. Wir haben uns bei der Beobachtung auf vier Unterpunkte geeinigt:

- Echtheit oder Authentizität
- Akzeptanz
- Empathie
- Konsequenz

Authentizität

Ich bin mir im Klaren darüber, dass wir als Lehrer in unserer täglichen Arbeit auch Schauspieler und Entertainer sind und sein müssen. Die Frage ist an dieser Stelle nur, wie wirken wir auf unsere Schüler.

Wenn Sie sich in ihrem Unterrichtsalltag authentisch verhalten, bringt Sie das den Schülern ein ganzes Stück näher, Sie sind den Schülern wesentlich sympathischer, weil sie einfach „echt" sind.

Private Probleme haben schon einen gewissen Einfluss auf den Unterricht, da man sich nicht mehr voll und ganz auf den Unterricht konzentrieren kann. Man sollte an dieser Stelle nicht das eigene Privatleben vor den Schülern ausbreiten. Ich finde es aber gut und ehrlich den Schülern zu sagen:

Mir geht es heute nicht so gut, weil ich zu Hause etwas Stress habe.

Schüler werden über so viel Offenheit erstaunt sein. Gleichzeitig werden sie stolz darauf sein, dass man ihnen so viel Vertrauen entgegenbringt.

Ebenso authentisch sollte sich ein Lehrer verhalten, wenn ihm einmal ein Fehler im Unterrichtsalltag unterläuft. Wenn zum Beispiel unabsichtlich ein dicker Rechtschreibfehler auf einer Folie oder an die Tafel geschrieben wurde, dann lacht man mit den Schülern darüber, anstatt den Fehler heimlich zu verbessern oder zu übergehen. Schüler können sich besser mit einem „echten", authentischen Lehrer identifizieren, als mit einem, der versucht, immer perfekt zu sein.

Genauso wichtig ist Authentizität, wenn es um Unwissenheit geht. Wenn eine Schülerfrage einmal nicht beantwortet werden kann, dann sollte man auch dazu stehen. Die Schüler wissen doch genau, dass niemand perfekt ist, auch kein Lehrer. Statt Unwissenheit zu überspielen, sollte lieber gemeinsam mit den Schülern überlegt werden, wie eine Lösung gefunden werden kann. Vertrauens- und Glaubwürdigkeit des Lehrers beeinflusst die Lernbereitschaft und das Sozialverhalten der Schüler. Diese entstehen nur, wenn der Lehrer echt und authentisch handelt, wenn er also nicht nur handelt, wie ein Lehrer handeln sollte, sondern als Lehrer und als Person. Ohne den Verlust an Echtheit und Authentizität und damit an Vertrauens- und Glaubwürdigkeit befürchten zu müssen, wird er nur in den Bereichen authentisch wirken, die seinen wirklichen Charaktereigenschaften entsprechen.

Schüler spüren es instinktiv, wenn ein Lehrer gekünstelt auftritt. Fraglich ist auch, ob es sinnvoll ist, dass der Lehrer sein Verhalten permanent kontrolliert. Ein Lehrer, der kaum Gefühle zeigt und sich stets und ständig selbst beobachtet und kontrolliert verhält, kann nicht erwarten, dass ein vertrauenswürdiges Lehrer-Schüler-Verhältnis aufgebaut werden kann. Die Professionalität eines Lehrers kann sich nicht nur auf Sach- und Methodenkompetenz zur Stoff- und Wissensvermittlung reduzieren, sondern muss auch eine hohe Sozial- und Personalkompetenz einbringen können. Man lernt bekanntlich im Schulalltag am besten und meisten von den Lehrern die den Funken der Begeisterung für eine Sache überspringen lassen können.

Viele Autoren gehen nicht mehr mit der Auffassung eines idealtypischen Lehrers einher. Man sollte stattdessen davon ausgehen, dass es nicht ein „richtiges" Lehrerverhalten zur Verwirklichung bestimmter Ziele gibt, sondern, dass je nach Situation und äußeren Bedingungen eine andere Form von Lehrerverhalten erfolgsversprechend sein könnte.

Hinweis

Folgende Werte tauchen in den verschiedensten Publikationen immer wieder auf:

- Echtheit/Selbstkongruenz,
- Ich-Botschaften,
- einfühlendes Verstehen,
- aktives Zuhören,
- emotionale Wärme,
- Wertschätzung und Ermutigung.

Akzeptanz

Laut Wörterbuch ist Akzeptanz die Bereitschaft, etwas zu akzeptieren. Akzeptieren hat nun wiederum mehrere Synonyme wie z. B.:

annehmen, hinnehmen, billigen; anerkennen; mit jemandem oder etwas einverstanden sein.

Die Akzeptanz spielt meiner Meinung nach eine sehr wichtige Rolle im Lehrerdasein. Akzeptanz muss man sich als Lehrer sehr hart erarbeiten, die hat man nicht sofort. Die Akzeptanz wird langsam wachsen und baut hauptsächlich auf den Eigenschaften auf wie:

- Fachkompetenz
- Methodenkompetenz
- Respekt
- Toleranz
- Authentizität
- Empathie

Ich kenne viele Lehrer, die durch Härte und Strenge ihre Klassen voll im Griff haben. Aber werden diese Lehrer auch von den Schülern akzeptiert? Aus meinen Erfahrungen heraus kann ich nur sagen: Es ist nur eine „Pseudoakzeptanz". Auch die „Laissez-faire-Lehrer" werden nicht wirklich akzeptiert. Gutmütigkeit und forderungsloser Unterricht sind zwar zunächst beliebt, führen jedoch früher oder später ins Chaos. Dies spüren die Schüler relativ schnell und die Beliebtheit verwandelt sich in Mitleid oder Gleichgültigkeit. Die Frage ist nun aber: Wie kann ich echte Akzeptanz erkennen oder im Unterricht beobachten? An dieser Stelle kann und muss man sich auf Schüler und Lehrerreaktionen konzentrieren. Und das heißt nicht, dass ein Lehrer keine Akzeptanz bei den Schülern besitzt, bloß weil die Schüler bei klaren Forderungen „maulen". Akzeptanz zeigt sich dann erst in der Folge:

- Wie geht der Lehrer damit um?
- Wie reagieren die Schüler darauf?
- Kann der Lehrer seine Forderungen durchsetzen, ohne gleich mit Sanktionen, wie z. B. Benotung oder zusätzliche Hausaufgaben, zu drohen?

Ist der Lehrer in der Lage, den Schülern die Notwendigkeit der Forderungen plausibel klar zu machen?

Oder eine andere Situation:

Beispiel

Der Lehrer nimmt trotz Dauermeldung eines Schülers wieder einen anderen Schüler dran. Der abgewiesene Schüler reagiert „bockig". Wie geht der Lehrer damit um und wie reagiert dieser Schüler darauf? Bei hoher Akzeptanz wird der Schüler das kurze Feedback des Lehrers nachvollziehen können und die Entscheidung akzeptieren. Das heißt jetzt aber nicht, dass ein guter Lehrer immer alles erklären und begründen muss. Akzeptanz heißt in diesem Zusammenhang auch das Vertrauen der Schüler in die Fähigkeiten des Lehrers, auch eine zunächst unpopulär erscheinende Entscheidung mitzutragen bzw. zu akzeptieren. Man kann dies wirklich gut an den Schülerreaktionen beobachten und festmachen.

Empathie

Empathie bezeichnet die Fähigkeit, Gedanken, Emotionen, Absichten und Persönlichkeitsmerkmale eines anderen Menschen oder eines Tieres zu erkennen und zu verstehen. Zur Empathie gehört auch die Einfühlung als eigene Reaktion auf die Gefühle Anderer wie zum Beispiel Mitleid, Trauer, Schmerz oder Hilfsimpuls. (Ekman 2007, 249)

Im Kontext des unterrichtlichen Handelns sehe ich Empathie als Fähigkeit des Lehrers an, sich in die Gedanken, die Gefühlswelt, die Befindlichkeiten und Altersbesonderheiten der Schüler unter schulischen aber auch außerschulischen Bedingungen hineinversetzen zu können und Erkenntnisse für das eigene Verhalten ableiten zu können. Basis für empathisches Handeln muss ein vertrauensvolles Klima von gegenseitigem Respekt, Offenheit und Ehrlichkeit sein. Der Lehrer muss sich in die Gedanken und Gefühle der Schüler hineinversetzen können, um deren Intentionen, Sicht- und Denkweisen wahrnehmen, deuten und verstehen zu können. Aber erst mit diesen gewonnenen Erkenntnissen ist der Lehrer in der Lage, mit geeigneten pädagogischen, didaktischen oder kommunikativen Verhaltensweisen zu reagieren. Empathie bedeutet im schulischen Kontext deutlich mehr, als nur einfühlsam zu sein bzw. Verständnis zu haben. Empathie ist dadurch meines Erachtens nicht nur eine Fähigkeit, sondern eher eine Kompetenz des Lehrers.

Empathie als Kompetenz

Handeln – Angebote –
Lösungen – Kommunikation

Deuten – Interpretieren – Erkennen

Wahrnehmen – Beobachten – Hineinversetzen –
Aufmerksamkeit

Öffnung – Authentizität – Eigenes Empfinden – Reflektiertes Selbst

Abb. 2.1: Paul Klingen: Coaching – ein Ausbildungsinstrument in der Referendarausbildung. In: Wirtschaft und Erziehung. 2/2005.

Hinsichtlich der Unterrichtsplanung ermöglicht Empathie neben der zielgenauen Analyse der Lernvoraussetzungen auch die wesentlichen Planungsschritte (Ziele, Inhalte, Methoden, Medien) sachlogischer auf die spezifischen Rahmenbedingungen abzustimmen. Unterrichtsinhalte, Ziele, Methoden und Medien sollten auch mit der „empathischen Brille" gesehen werden und damit die Planungsentscheidungen schon aus Schülersicht betrachtet werden.

Viele gehen davon aus, dass empathisches Verhalten nur im konkreten Unterrichtsprozesses von Bedeutung ist und auch nur dort vom Lehrer gezeigt werden kann. Dies ist aus meiner Sicht und Erfahrung heraus ein Trugschluss. Ein riesiges Potenzial aus dem Bereich Empathie sollte schon bei der Planung von Unterricht genutzt werden. Treffend dazu formuliert *Hattie*:

If the teacher's lens can be changed to seeing learning through the eyes of students, this would be an excellent beginning. (Hattie 2009, 252)

Hinweis

Dabei könnten folgende Fragestellungen aufkommen:

- Welchen Alltagsbezug lässt sich durch den Inhalt konkret bei meinen Schülern herstellen?
- Kommen die Schüler mit der Art der Aufgabenstellung zurecht?
- Passt die logistische und organisatorische Planung für meine Schüler?
- Wie haben die Schüler beim letzten Mal auf den besonderen Unterrichtseinstieg reagiert?
- Habe ich bei meiner Methodenwahl neben den inhaltlichen Aspekten auch die spezifischen Voraussetzungen meiner Schüler bedacht?
- ...

Empathische Überlegungen dienen auch der Prävention von Konflikten und Unterrichtsstörungen. Der Lehrer kann bereits bei der Planung bestimmte Konfliktherde, soziale Spannungen aber auch lernförderliche Sozialkonstellationen vorausschauend planen und für einen möglichst reibungslosen Unterrichtsablauf nutzen.

Hinweis

Dabei könnten folgende Fragestellungen aufkommen:

- Wie wird die Gruppenarbeit verlaufen, wenn ich X, Y, und Z in eine Gruppe setze?
- Wie reagiere ich, wenn Z bei der Wahlpartnerübung wiedermal übrig bleibt?
- Kann ich es diesmal vermeiden, dass sich P total verweigert?
- Wie hat F das Wochenende verkraftet, wo die Trennungsprobleme der Eltern in der letzten Zeit immer öfter eskalieren?
- ...

Empathisches Verhalten ist aber in konkreten Unterrichts- und Handlungssituationen, bei der Unterstützung von Lernprozessen, beim Erfahrungs- und Gedankenaustausch sowie bei der Schüler-Schüler-Interaktion und Lehrer-Schüler-Interaktion von besonderer Bedeutung. Während man bei der Unterrichtsplanung in Ruhe viele Aspekte bedenken kann, steht man im Unterrichtsgeschehen ständig vor dem Problem, in kürzester Zeit reagieren zu müssen. In diesen tagtäglich stattfindenden Unterrichtssituationen treten immer eine Vielzahl sich bedingender Wirkungsfaktoren zu Tage:

- Lernatmosphäre und Lernklima
- gruppendynamische Prozesse
- Befindlichkeiten der Schüler
- verbale und nonverbale Kommunikation
- Emotionen der Schüler
- Emotionen des Lehrers
- fachliche Hintergründe

Der Lehrer muss in diesem Wirkungsgefüge kurzfristig ziel- und prozessbezogen entscheiden und handeln können. So ist an dieser Stelle Empathie, Einfühlungsvermögen für die aktiv Beteiligten und die spezielle Situation gefragt. Ist der Lehrer dazu nicht oder nur unzureichend in der Lage, werden sachliche Diskussionen nicht zum Ziel führen, Gesprächsphasen unterbrochen werden, Schülerbeiträge missverstanden werden, Gruppenergebnisse ohne Wertschätzung bleiben, Störungen und Konflikte entstehen.

Auch in anderen Unterrichtssituationen entscheidet das empathische Verhalten über die Wirksamkeit des Lehrerhandelns. Von besonderer Relevanz ist das empathische Verhalten im Bereich der Lernprozessbegleitung. Treten beim Schüler Verständnis- und Lernprobleme oder Denk- und Lernblockaden auf, so sind diese häufig ohne die Hilfe und Unterstützung des Lehrers nicht zu bewerkstelligen. Hier muss der Lehrer feinfühlig und sensibel reagieren können, um beim Schüler nicht ein Totales Lern-Blackout zu provozieren.

Im Hinblick auf ein flexibles Klassenmanagement ist Empathie besonders dann gefordert, wenn situations- und adressatenspezifisch die Aufgaben-, Raum-, Zeit- und Personenvariablen angepasst werden müssen:

- Wer könnte jetzt mit wem weiterarbeiten?
- Welche Schüler brauchen Zusatzaufgaben?
- Wann und wie soll die laufende Arbeitsphase beendet werden?
- Welche Gruppe präsentiert als Erste?
- Ist es sinnvoll, die Phase an dieser Stelle abzubrechen?
- Brauchen die Schüler für die Arbeitsphase noch mehr Zeit?
- Sind die schwächeren Schüler überfordert?

- Welche Schüler kann ich mit ihrer Präsentation auch noch auf die nächste Stunde vertrösten?
- Wie reagiert der Schüler, wenn ich ihn wieder nicht drannehme?

Tipp

Um bei solchen oder ähnlichen Entscheidungsfragen richtig entscheiden zu können, muss der Lehrer das Verhalten der Schüler zielgerichtet beobachten, die Aktivitäten im Blick behalten sowie Körpersprache und stimmliches Verhalten lesen können. Um mögliche Unterrichtsstörungen bereits im Keim zu ersticken und den Unterricht kontinuierlich fortsetzen zu können, ist ein frühzeitiges Erkennen und „Erspüren" möglicher Konfliktsituationen unabdingbar. Fehlt dem Lehrer die notwendige empathische Kompetenz beim Umgang mit den verschiedensten Unterrichtssituationen, so wird dies über kurz oder lang nicht nur zu einer Beeinträchtigung des Lernprozesses führen, sondern auch zu einer deutlichen Verschlechterung des Lehrer-Schüler-Verhältnisses beitragen. Viele Lehrer reagieren dann mit unangebrachter Strenge, Intervention und Sanktionen, die sich dann wiederum negativ auf das Gesamtklima auswirken. Zwangsläufig wird so ein Teufelskreis entstehen, dem dann kaum noch beizukommen ist.

Konsequenz

Konsequenz (von lateinisch consequi ‚folgen', ‚erreichen') ist eine – oft zwingende, mindestens jedoch mögliche – Folgerung. Erzieherische Konsequenz bezeichnet die Durchsetzung gemeinsam festgelegter Regeln und Richtlinien im Rahmen der Lehrer-Schüler- und Schüler-Schüler-Interaktion mit dem Ziel, die Persönlichkeitsentwicklung der Schüler zu fördern, Konflikte in Grenzen zu halten und eine positive Lernatmosphäre zu schaffen.

Konsequenz wird nicht von ungefähr als eine der wichtigsten, wenn nicht sogar als die wichtigste Größe im Erziehungsprozess bezeichnet. Ein Lehrer, der inkonsequent handelt, wird früher oder später den Respekt seiner Schüler verlieren. Das heißt aber nicht, dass jedes von den Regeln abweichende Schülerverhalten konsequent mit Strafen oder Maßregelungen geahndet werden muss. Hier kommt dieses pädagogische Fingerspitzengefühl zum Tragen, welches aus meiner Sicht auch nicht erlernbar oder vermittelbar ist.

Hinweis

Ich werde gerade in den ersten Seminaren von meinen Referendaren immer wieder gefragt, wie man „ganz einfach" im Unterricht Disziplin herstellen kann. Leider muss ich dann zur großen Enttäuschung immer wieder sagen, dass es den ultimativen Geheimtipp leider nicht gibt. Selbst wenn ich ihnen meine Variante bei einer bestimmten Situation vorschlagen würde, wird es möglicherweise ausgerechnet bei ihnen nicht zwangsläufig auch wirklich funktionieren. Ich bringe dann das Sprichwort an:

„Wenn Zwei das Gleiche tun, ist es noch lange nicht dasselbe."

Selbst wenn ich in verschiedenen Klassen in haargenau den gleichen Situationen gleich reagiere, kann es in der einen Klasse optimal funktionieren, in der anderen Klasse aber total danebengehen. Das ist zum einen das Schwierige, zum anderen aber auch das Spannende an unserem Beruf.

Gestandene Lehrer setzen häufig vor allem auf Strenge und darauf, die Schüler an einer möglichst „kurzen Leine zu halten". Referendare merken dann recht schnell, dass die Schüler bei ihnen darauf leider nicht reagieren. Woran kann das aber liegen? Kurz: Es fehlt an gegenseitigem Respekt. Wer dann zudem noch meint, seine „Strenge" und „kurze Leine" dadurch bekräftigen zu müssen, dass er vor der Klasse brüllt, Schüler bloßstellt oder mit wilden Strafen um sich wirft, macht sich endgültig lächerlich und verspielt auch den letzten Rest an Respekt. Aber genau diesen Respekt muss man sich, wie gesagt, hart und in einem langwierigen Prozess erarbeiten.

Deshalb funktionieren alle Tipps zum Thema „Disziplin" nur, wenn der Lehrer zuvor eine von Respekt, gegenseitiger Achtung und Wertschätzung geprägte Atmosphäre geschaffen hat. Aus diesem Grund geht es zu Beginn in einer Klasse zunächst um Respekt – und erst dann um Disziplin. Es gibt eine Reihe von Ursachen für Disziplinprobleme, die kein Lehrer ändern kann:

- bestimmte schulische Rahmenbedingungen, wie überfüllte Klassenräume
- ein von Angst besetztes Schulklima
- fehlende oder zu strenge Schulregeln
- fehlende Absprachen zum Umgang mit Störungen und Konflikten im Kollegium
- zufällig entstandene sehr ungünstige Lerngruppenzusammensetzungen

- einzelne, extrem verhaltensschwierige Schüler
- nicht kooperationsbereite Eltern

Welche Voraussetzungen sind notwendig?

1. Explizite Regeln

Es müssen klare und von allen Schülern gemeinsam getragene Regeln oder Richtlinien möglichst gemeinsam erarbeitet und aufgestellt werden. Unabhängig von der Altersstufe der Schüler sollten auch die Eltern einbezogen werden.

Beispiel

Ich habe an einer Grundschule eine wirklich ungewöhnliche Variante von aufgestellten Klassenregeln gesehen, es wurden die meist als Verbote aufgestellten Regeln umgekehrt:

- Du darfst pünktlich zum Unterricht erscheinen!
- Du darfst in den Fluren langsam und leise laufen!
- Du darfst alle Arbeitsmaterialien an deinem Platz vor Stundenbeginn zurechtlegen!
- ...

2. Sinnvolle, praktikable Rituale

Rituale haben auch eine disziplinierende Funktion und können somit auch ohne Worte auf Konsequenzen hinweisen.

Beispiele

- Handzeichen
- Verschieben von Klammern oder Magneten
- Namen anschreiben oder anheften
- akustische Signale
- ...

3. Konsequenzen

Nicht jeder Regelverstoß in der Klasse sollte sofort geahndet werden. Das unterrichtliche Handeln des Lehrers im Umgang mit Konsequenz zeichnet sich vor allem auch durch die Beherrschung des Spagats zwischen klarer Konsequenz und der Fähigkeit, Regelverstöße auch bewusst zu ignorieren. Wichtig dabei ist aber auch, dass man die Schüler im Klaren darüber lässt, dass man wohl den Verstoß bemerkt hat. Auf jeden Regelverstoß automatisiert „nach Vorschrift" und unangemessen hart zu reagieren ist erzieherisch ebenso fraglich wie das permanente Androhen von Sanktionen, welche dann aber letztendlich doch ausbleiben.

Weil Regelverstöße Konsequenzen haben müssen, kommt man nicht ohne adäquate Sanktionen aus. Manche – gerade junge – Lehrer tun sich schwer damit, die Schüler zu bestrafen. Es ist einfach die Angst, dass die Schüler dann möglicherweise beleidigt reagieren und ihrerseits zu erneuten Regelverstößen neigen. Tatsächlich ist es aber so, dass die Schüler erwarten, dass Regelverstöße auch konsequent, angemessen und gerecht bestraft werden. Aus diesem Grund ist es auch so wichtig, dass die Sanktionen auf erfolgte Regelverstöße auch von allen Beteiligten gemeinsam erarbeitet und dann auch getragen werden müssen. Als Lehrer sollte man dies ruhig verantwortungsvoll in die Hände der Schüler geben. Einfluss sollte man nur im Bereich der Angemessenheit der Sanktion nehmen, um nicht mit den sprichwörtlichen „Kanonen auf Spatzen zu schießen".

Tipps zum pädagogischen „Bestrafen"

Nur wenige Lehrer haben in ihrem langjährigen Berufsleben noch nie einen Schüler „rausgeschmissen" oder noch nie einen Klassenbucheintrag verfasst. Es gibt doch immer wieder Situationen, in denen der Lehrer eine Sanktion durchsetzen muss. Dies ist unvermeidlich.

Tipps

- Schüler akzeptieren Strafen dann, wenn sie diese als gerecht wahrnehmen.
- Strafen Sie transparent.
- Benennen Sie den Grund für Ihre Strafmaßnahme stets präzise.
- Bevor eine Strafe verhängt wird, sollte diese immer angedroht werden.
- Die Schüler sollten die Möglichkeit haben, die Strafmaßnahme zu vermeiden.
- Strafen Sie berechenbar.
- Werden Drohungen ausgesprochen, müssen Sie sie im Aktivierungsfall konsequent realisieren. Das macht Sie berechenbar und zeigt den Schülern, dass der Lehrer nicht willkürlich bestraft.
- Regeln sind oft hilfreich, um zeitraubenden Diskussionen aus dem Weg zu gehen („Wer sein Sportzeug zum dritten Mal vergisst, der ...").
- Machen Sie klar, dass diese Regeln der Aufrechterhaltung der Ordnung dienen und nicht der Befriedigung Ihrer sadistischen Gelüste.
- Bestrafungen sollten nicht emotionslos erfolgen, die Schüler sollen spüren, dass der Lehrer nicht mit dem Verhalten des Schülers einverstanden war, aber Emotionen wie Zorn oder Hass haben bei der Bestrafungsaktion ebenso wenig zu suchen wie die Freude und Lust.
- Versuchen Sie nicht, aus dem Affekt heraus zu strafen; nehmen Sie sich Zeit, die Sache zumindest überdenken zu können, auch wenn es manchmal unmöglich erscheint. (Ausnahme: Gefahr für den Schüler!)
- Strafen Sie sinnvoll, mit der Strafmaßnahme sollten Sie auch einen Entwicklungsprozess in Gang setzen.
- Strafen Sie rückstandslos und sind Sie auf keinen Fall nachtragend.
- Durch das Verhängen der Strafe haben Sie das letzte Mittel gewählt. Wenn die Strafe abgegolten ist, muss jeder Schüler die Chance auf einen Neuanfang haben.

**Beobachtungs- und Bewertungsaspekte
zur pädagogischen Grundhaltung**

- Das gesamte Auftreten und Verhalten des Lehrers ist situationsangemessen und wirkt echt und nicht aufgesetzt oder gekünstelt.
- Der Lehrer ist während der gesamten Unterrichtsstunde aufmerksam und kann aktiv zuhören.
- Auch unpopuläre Entscheidungen des Lehrers werden von den Schülern akzeptiert!
- Die Schüler reagieren auf die Anweisungen und Hinweise des Lehrers.
- Der Lehrer zeigt emotionales Einfühlungsvermögen und Sensibilität im Umgang mit den Schülern.
- Der Lehrer kann sich in die Schülerperspektive versetzen und zeigt Verständnis aber auch deutliches Unverständnis für bestimmte Reaktionen und Verhaltensweisen von Schülern.
- Der Lehrer ist schon bei der Planung bestimmter Unterrichtsprozesse antizipierend vorgegangen.
- Die Schüler wissen, was sie bei Regelverstößen zu erwarten haben!
- Der Lehrer setzt angedrohte Sanktionen konsequent um.
- Die Sanktionen sind situationsangemessen und gerecht.

Webcode: SU163045-001

2.2 Lernklima

Unter Lernklima verstehe ich die Summe aller Einflussfaktoren, die auf das Beziehungsgefüge Lehrer-Schüler und Schüler-Schüler innerhalb des Unterrichts wirken. Das Lernklima wirkt sich auf alle vier Kompetenzbereiche aus:

- Sachkompetenz – das Lernklima hat Einfluss auf die Leistungsbereitschaft und das Leistungsverhalten
- Methodenkompetenz – das Lernklima hat Einfluss auf die Bereitschaft der Anwendung von Lernstrategien und Arbeitstechniken
- Sozialkompetenz – das Lernklima hat Einfluss auf das Sozialverhalten der Schüler untereinander und auf das Lehrer-Schüler-Verhältnis

Personalkompetenz – das Lernklima hat Einfluss auf das Selbstvertrauen und das Selbstwertgefühl der Schüler

Hilbert Meyer hebt die besondere Bedeutung des Lernklimas für die übrigen seiner zehn Merkmale guten Unterrichts (*Meyer* 2004, 47–54) hervor. Lehrer, die sich einen Überblick über das Lernklima in ihren Klassen verschaffen wollen, können auf praktikable Instrumente zur Erfassung des Klimas zurückgreifen, z. B. die „Landauer Skalen zum Sozialklima".

Indikatoren für lernförderliches Klima

- Der Lehrer geht respektvoll mit den Schülern um.
- Kein Schüler wird wegen geringer Leistungen diskriminiert.
- Die Schüler nehmen beim Lernen Rücksicht aufeinander und helfen einander.
- Es gibt kein aggressives Verhalten einzelner Schüler gegeneinander.
- Die Schüler beschimpfen einander nicht.
- Ihre Sprache ist frei von Beleidigungen.
- Es gibt keine Bevorzugungen oder Benachteiligungen einzelner Schüler.
- Es gibt nur wenig Rivalitäten und Machtkämpfe zwischen Schüler-Cliquen.
- Es gibt keine versteckte Diskriminierung von Mitschülern.
- Es gibt klar definierte Klassenämter
- Die Schüler ermahnen sich selbst, gemeinsam vereinbarte Regeln einzuhalten.
- Hin und wieder wird gelacht.

Vgl. *Hilbert Meyer* ([9]2013): Was ist guter Unterricht? Berlin: Cornelsen Scriptor.

Webcode: SU163045-002

Thesen

Gerechtigkeit

Ungerechte Lehrer sind einfach nur unbeliebt.

Fürsorge

In einer angstfreien und fürsorglichen Unterrichtsatmosphäre lernen die Schüler besser und erfolgreicher.

Verantwortungsübernahme

Mit der gezielten Übertragung von Verantwortung erreicht der Lehrer ein hohes Maß an Vertrauen gegenüber den Schülern. Viele Lehrer trauen ihren Schülern zu wenig zu. Auch Schüler wachsen mit der Verantwortungsübernahme von bestimmten Aufgaben.

Humor

Humor ist für Lehrer ein „muss", er kann den meist doch so grauen und tristen Unterrichtsalltag aufpeppen.

Geschlechtsspezifische Unterschiede

Die Genderproblematik steckt noch in den Kinderschuhen, der Geschlechtsspezifik sollte in allen Bereichen mehr Beachtung geschenkt werden.

Beispiel

Ich habe einmal die Unterrichtsstunde „Liebesgedichte" in Klasse 8 an einer Oberschule miterlebt. Der Plan sah nach einem Einstieg vor, dass die Schüler in Einzelarbeit ein Liebesgedicht unter Beachtung bestimmter Kriterien schreiben sollten. In der Abschluss- bzw. Präsentationsphase sollten dann ausgewählte Schüler ihr Gedicht vor der Klasse vortragen. Zwei Mädchen waren zaghaft bereit, ihr Gedicht zu präsentieren, Jungen meldeten sich nicht. Selbst nach Aufforderung und Androhung von Sanktionen war kein einziger Junge bereit, sein Gedicht vorzutragen. Im anschließenden Auswertungsgespräch äußerte sich die Referendarin, dass sie sich nicht erklären kann, warum kein Junge vortragen wollte und was sie anders machen solle, damit auch die Jungs bereit wären, sich an der Präsentation zu beteiligen.

Nun möchte ich hier nicht gleich das Klischee bedienen, dass Jungen nur Gedichte über Fußball und Mädchen nur über Pferde schreiben wollen. Hier geht es um das sensible Hineinversetzen in die geschlechtsspezifische Schülerperspektive. Ich denke, es ist jedoch keineswegs übertrieben zu behaupten, dass kein Junge in ganz Deutschland in einer achten Klasse ein Liebesgedicht vor der ganzen Klasse vortragen möchte.

Selbstvertrauen

Ein gesundes Selbstvertrauen erhöht die Lernbereitschaft und -fähigkeit. Ich sehe das Lernklima als Fundament oder Basis für alle anderen Qualitätsmerkmale des Unterrichts. Ein positives Lernklima gilt als wesentliche Grundvoraussetzung für ein erfolgreiches und wirkungsvolles Unterrichten und Lernen. Wichtig erscheint mir, an dieser Stelle zu betonen, dass der Lehrer in der Lage sein muss, das Lehrer-Schüler-Verhältnis richtig einschätzen zu können.

Beobachtungs- und Bewertungsaspekte zum Lernklima
Klassenführung
Die Schüler sind sich im Klaren, dass der Lehrer sämtliche Schüleraktivitäten registriert, ohne immer sofort zu reagieren oder zu intervenieren.

- Es gibt klare Regeln für den Unterricht (altersangemessen).
- Lehrer und Schüler halten sich an diese Regeln.
- Die Lehr- und Lernprozesse werden durch alters- und situationsadäquate Rituale unterstützt.
- Das Reagieren auf Unterrichtsstörungen ist von Prävention, Aktion, Konsequenz und Intervention geprägt.
- Die Klassenführung ist effizient (Mimik und Gestik steht vor verbalen Äußerungen, kurze und prägnante Erklärungen bzw. Gesten sorgen für Klarheit bei den Schülern).
- Die Präsenz des Lehrers ist „allgegenwärtig" (es reicht manchmal schon, wenn der Lehrer sich zum Ort des Problems bewegt und dabei auf eine Ansage von vorn für alle Schüler verzichtet, wodurch er häufig nur den Unterricht selbst „stört".

Webcode: SU163045-003

Die Schüler übernehmen Verantwortung für ihr eigenes Handeln.

Der Lehrer hat die gesamte Klasse im Blick und kann sofort auf Probleme und Unstimmigkeiten reagieren.

Förderung der Lernmotivation und des Selbstvertrauens

Im Unterricht darf gelacht werden bzw. es wird gelacht.

Der Lehrer motiviert zur Auseinandersetzung mit dem Lerngegenstand.

Die Schüler werden mit herausfordernden Aufgaben konfrontiert.

Gestellte Aufgaben resultieren aus der kompetenten Analyse der Lernvoraussetzungen und berücksichtigen die Heterogenität der Schüler.

Die Schüler beteiligen sich rege am Unterrichtsgeschehen und arbeiten konzentriert und zielgerichtet mit.

Die gestellten Anforderungen orientieren sich an dem entsprechenden Kompetenzniveau der Schüler (keine Über- oder Unterforderung).

Webcode: SU163045-003

Gestaltung des Lernklimas

Offenheit

Fürsorglichkeit und Offenheit des Lehrers für die Probleme der Schüler

Anwendung einer individuellen Bezugsnorm bei der Leistungsbeurteilung

Vertrauen

Verlässlichkeit der Aussagen des Lehrers bzw. der Schüler (Wichtigkeit von Lerngegenständen, Erbringung von Leistungen)

Kooperation

Gegenwärtigkeit von gegenseitiger Hilfe (L-S und S-S) nicht nur in kooperativen Lernformen

Webcode: SU163045-004

Kritikfähigkeit

- Produktiver Umgang des Lehrers mit Schülerkritik und positive Nutzung der Kritik für seine eigene Unterrichtstätigkeit
- Positiver Umgang der Schüler untereinander mit Kritik
- Positiver Umgang der Schüler mit der Kritik des Lehrers

Feedback-Verhalten und Umgang mit Schülerbeiträgen

- Schülerbeiträge werden angemessen gewürdigt.
- Bei Fehlern wird angemessen reagiert und es erfolgen keine Sanktionen gegen die Schüler.
- Es erfolgt keine Ausnutzung der Machtposition durch den Lehrer.
- Die Rückmeldung soll Mut machen, sie soll nicht beschönigen, es soll aber eine deutliche Sprache gesprochen werden.
- Es gilt: K I S S! (Keep it simple and short!)
- Die Sprache muss für die Schüler verständlich sein.

Umgang mit Fehlern

- Fehler als festen Bestandteil des Lernprozesses sehen
- Fehler als Lernchance begreifen (Fehler werden oft als Makel oder Defizite angesehen)
- Entscheidend für den progressiven Lernfortschritt erscheint eine differenzierte Fehleranalyse, durch die den Schülern zielgerichtet weitergeholfen werden kann. Empirisch belegte Untersuchungen zeigen, dass das Feedback ‚richtig' bzw. ‚falsch' in der Regel kaum Lernzuwachs erbringt. Auch die häufige Begründung des Fehlers bzw. warum dieser Weg falsch sein musste, wird als wenig entwicklungswirksam eingeschätzt. Optimal sehen es viele Autoren an, nach fehlerspezifischem Feedback dem Schüler direkt eine ähnliche Aufgabe zu geben, um ihn für die korrekte Vorgehensweise zu sensibilisieren.

Webcode: SU163045-004

2.3 Kommunikatives Verhalten

Um mit Watzlawik zu sprechen: *„Man kann nicht nicht kommunizieren!"* Daher kommt dem kommunikativen Verhalten eine besondere Rolle im unterrichtlichen Handeln zu. Sobald zwei Personen sich gegenseitig wahrnehmen können, kommunizieren sie miteinander, da jedes Verhalten kommunikativen Charakter hat. Watzlawik versteht Verhalten jeder Art als Kommunikation. Da Verhalten kein Gegenteil kennt, man sich also „nicht nicht verhalten" kann, ist es auch unmöglich, nicht zu kommunizieren. Dieses Axiom ist auch bekannt als Metakommunikatives Axiom. Wir kommunizieren also auch nonverbal und unbewusst (vgl. *Watzlawick* et al. 1969, 53).

Beobachtungs- und Bewertungsaspekte zum kommunikativen Verhalten

Sprache/Stimme

- Der Lehrer nimmt durch die Sprache eine Gewichtung von Unterrichtsinhalten bzw. Unterrichtssituationen vor.
- Der Lehrer variiert seine Stimme und nutzt sie geschickt als unterstützendes Instrument.
- Der Lehrer setzt seine Stimme zielgerichtet bei der Störungsprävention und -intervention ein.
- Der Lehrer nutzt die Erkenntnis, dass Kommunikation immer einen Inhalts- und einen Beziehungsaspekt hat.
- Der Lehrer spricht deutlich und passt seine Fragestellungen und Aussagen dem Alters- und Leistungsniveau der Schüler an.

Mimik/Gestik/Körpersprache

- Der Lehrer setzt Mimik, Gestik und Körpersprache gezielt zur Unterstützung der Sprache ein.
- Der Lehrer nutzt Mimik, Gestik und Körpersprache, um Gefühle und Einstellungen zu transportieren.
- Mimik, Gestik und Körpersprache passen zur unterrichtlichen Situation.

Webcode: SU163045-005

Webcode: SU163045-005

Raumverhalten/Raumregie

▨ Mit dem Raumverhalten unterstützt der Lehrer seine kommunikatives Verhalten (geht auf Schüler zu, ändert seinen Standort zur Verbesserung der Kommunikationsmöglichkeiten).

▨ Der Lehrer findet jederzeit eine optimale Position zur Unterstützung der Förderung aller Kompetenzbereiche (Tafelarbeit, Schülervortrag, Lehrervortrag, offene Lernformen, Einzelarbeit, Klassenarbeiten und Tests, …).

2.4 Didaktische Fundierung

Strukturierte und transparente Lehr- und Lernprozesse sind notwendig, damit das Lernangebot erfolgreich genutzt werden kann. Wichtig ist es, den Schülern zu vermitteln, was das Thema und die Ziele des Unterrichts sind, was sie dabei lernen können und warum es relevant für sie ist. Sie müssen darüber hinaus wissen, was von ihnen erwartet wird und wie diese Ergebnisse bewertet werden. In diesem Zusammenhang ist es wichtig, dass der didaktische Schwerpunkt vom Lehrer transparent für die Schüler herausgearbeitet und mit den Schülern in jeder Phase des Unterrichts daran gearbeitet wird! Der vom Lehrer gesetzte didaktische Schwerpunkt bestimmt das Haupt- oder Schwerpunktziel der jeweiligen Stunde. Nur so können sie die Lehrziele des Lehrers zu ihren eigenen Lernzielen machen und Verantwortung für den eigenen Lernprozess übernehmen. Eine gute Nutzung der Unterrichtszeit ist ebenso wichtig wie eine klare inhaltliche Struktur einer Unterrichtsstunde bzw. Unterrichtseinheit. „Klare Strukturierung" ist empirisch das von allen am besten belegte Gütekriterium für guten Unterricht, wobei die Bedeutung des Begriffs in den verschiedenen Quellen schwankt. Grundsätzlich bezieht er sich auf alle Dimensionen unterrichtlichen Handelns, also auf die Ziel-, Inhalts-, Sozial-, Prozess- und Raumstruktur des Unterrichts (nach *Meyer* 2005).

Didaktische Begründung

Transparenz des didaktischen Begründungszusammenhangs

- Die Schüler sind sich darüber im Klaren, warum sie an einem bestimmten Inhalt arbeiten.
- Die Schüler erkennen die Logik der Abfolge bestimmter Lernschritte oder -prozesse.
- Es gilt das Gefüge: Ziel-Inhalt-Methode-Medien.
- Die Lernschritte sind bezüglich der Inhalte und Lernvoraussetzungen der Schüler transparent und sachlogisch nachvollziehbar.
- Im Prozess der Ergebnissicherung wird versucht, alle vier Kompetenzbereiche mit einer entsprechenden Gewichtung in Anhängigkeit vom Lerngegenstand zu berücksichtigen.

Sinnvolle Unterrichtsphasen

- Wenn man Didaktik als Lehr-/Lerninhalt (neben Methodik als Lehr-/Lerntechnik) versteht, müsste es bei einem „didaktischen Schwerpunkt" auf eine Unterrichtseinheit bzw. -stunde bezogen um das zentrale inhaltliche Anliegen der Lehrerbemühungen gehen.
- Der didaktische Schwerpunkt oder die didaktischen Schwerpunkte ist/sind das Ergebnis von Abwägungsprozessen insbesondere hinsichtlich der Inhalts- und Zielentscheidungen sowie der Gestaltung von Lehr- und Lernprozessen auf der Grundlage der Analyse der Lehr- und Lernvoraussetzungen.

Webcode: SU163045-006

Zielgerichtetheit des Lernprozesses

Von *Robert F. Mager* stammt die Aussage:

Wer nicht weiß, wohin er will, braucht sich nicht zu wundern, wenn er ganz wo anders ankommt.

Dieses treffende Zitat unterstreicht die Bedeutung der Lernziele im Unterrichtsprozess. Nun kann man im laufenden Unterricht nicht immer erkennen, welche Ziele der Lehrer verfolgt.

Tipp

Lassen Sie sich deshalb bei Hospitationen möglichst immer vorher eine Verlaufsplanung mit den Lernzielen geben. Es fällt Ihnen dann deutlich leichter, die Zielgerichtetheit des unterrichtlichen Handelns nachzuvollziehen. Ich habe es häufig in Hospitationen erlebt, dass Referendare entweder kein klares und eindeutiges Ziel verfolgen oder versuchen, mehrere verschiedenartige Ziele umzusetzen und sich dabei aufreiben.

- Die Schüler kennen die Ziele und wissen, wo sie im Prozess der Zielerreichung stehen.
- Die Schüleraktivitäten deuten darauf hin, dass sie die Ziele verstanden haben und warum diese Ziele aufgestellt wurden.
- Den Schülern ist klar, was von ihnen erwartet wird und welches Ergebnis am Ende der Stunde erreicht werden soll.

Didaktische Reduktion

Didaktische Reduktion bedeutet, dass der Lehrer den oft entweder sehr umfangreichen oder hoch wissenschaftlichen Sachgehalt so an das entsprechende Niveau der Schüler anpasst, dass es für die Schüler verständlich wird, ohne dass dabei der Wahrheitsgehalt bzw. die Gültigkeit beeinträchtigt wird.

Hier werden in der Literatur zwei Arten der didaktischen Reduktion unterschieden:

- die horizontale didaktische Reduktion, auch Darstellungsreduktion genannt, und die
- vertikale didaktische Reduktion, auch Inhaltsreduktion genannt.

Bei der horizontalen didaktischen Reduktion bleibt der Gültigkeitsumfang der Aussage gleich. Man formuliert sie nur konkreter, indem man Beispiele, Metaphern, Analogien zu Hilfe nimmt oder auch mit Erläuterungen, Erklärungen und Veranschaulichungen arbeitet.

Die **vertikale didaktische Reduktion** ist die „eigentliche" didaktische Reduktion. Sie tritt in zwei Varianten auf:

- Die **Schwierigkeitsreduktion** (qualitative didaktische Reduktion) zielt darauf, komplizierte Sachverhalte so zu vereinfachen, dass der Schüler sie begreifen kann, allerdings ohne dass dabei der Wahrheitsgehalt beeinträchtigt wird. Hierbei wird der Gültigkeitsumfang einer wissenschaftlich korrekten Aussage von Stufe zu Stufe eingeengt. Ziel ist die Reduzierung auf die relevanten inhaltlichen Aspekte, um den Lerngegenstand auf die Lernvoraussetzungen der Schüler abzustimmen. Für den Lehrer stellt sich dabei die didaktische Reduktion als

  eine ständige Gratwanderung zwischen Gültigkeit der Aussage einerseits und ihrer Begreifbarkeit bzw. Verstehbarkeit andererseits dar.
- Die **Umfangsreduzierung** (quantitative didaktische Reduktion) zielt darauf ab, die Stofffülle auf ein für die Schüler realisierbares Maß zu reduzieren, wobei es auch darum geht, den „Mut zur Lücke" aufzubringen. Die Umfangsreduzierung kann prinzipiell in zwei Varianten erfolgen: als induktive und als deduktive Variante.

Lehrer, die einen Lernprozess planen, sollten ihren Gegenstand nicht nur didaktisch analysieren, indem sie nach dessen Bedeutung und Rechtfertigung fragen, sie müssen die Thematik des jeweiligen Lernprozesses vielmehr auch didaktisch reduziert vermitteln. Bei dieser didaktischen Reduktion sollten sich Lehrer sechs Fragen stellen, in denen die verschiedenen Ebenen, Formen und Strategien der didaktischen Reduktion zusammengefasst sind:

1. Durch welche Sachstruktur (Begriffe, Aspekte, Elemente) ist die Komplexität des Inhalts bestimmt (Sachanalyse)?
2. Welche Inhalte sind von zentraler und welche von weniger zentraler Bedeutung, um die Struktur des Gegenstandes verstehen zu können (didaktische Strukturierung)?
3. Welche Strukturbestandteile können von den Schülern verstanden werden, welche nicht (Restriktionsanalyse, d. h. Antizipation von Lernschwierigkeiten)?
4. Kann die Verständlichkeit durch Beispiele, Analogien, Erläuterungen und Veranschaulichungen erhöht werden (horizontale didaktische Reduktion)?
5. Auf welche Bestandteile kann verzichtet werden, ohne den Gültigkeitsumfang der Grundaussagen einzuschränken (vertikale didaktische Reduktion)?
6. Welche Einschränkungen des Gültigkeitsumfanges müssen in Kauf genommen werden und können verantwortet werden, um das Verständnis der elementaren Strukturaspekte des Gegenstandes zu gewährleisten (vertikale didaktische Reduktion)?

(nach *Brüning/Müller/Schüssler* 1995, 34)

**Beobachtungs- und Bewertungsaspekte
zur didaktischen Fundierung**

▨ Die Schüler sind sich darüber im Klaren, warum sie an einem bestimmten Inhalt oder Problem arbeiten.

▨ Das unterrichtliche Wirkungsgefüge Ziel-Inhalt-Methode-Medien wird beachtet und kommt im Unterrichtsprozess deutlich zum Ausdruck – den Schülern sind die Ziele der Stunde gegenwärtig und sie wissen, wo sie im Prozess der Zielerreichung stehen.

▨ Der didaktische Schwerpunkt wird vom Lehrer transparent herausgearbeitet und es wird mit den Schülern in jeder Phase des Unterrichts daran gearbeitet.

▨ Die Schüleraktivitäten lassen darauf schließen, dass sie die Ziele verstanden haben und warum diese Ziele für sie sinnvoll sind.

▨ Der Lehrer konnte den Unterrichtsgegenstand durch die Verringerung der Stofffülle auf ein realisierbares Maß für die Schüler reduzieren.

▨ Die qualitative didaktische Reduktion konnte vom Lehrer so gestaltet werden, dass der Verstehensprozess der Schüler positiv beeinflusst werden konnte, ohne den Wahrheits- oder Gültigkeitsgehalt zu beeinträchtigen.

Webcode: SU163045-007

2.5   Strukturierung des Unterrichts

Eine gute, klare oder auch transparente Strukturierung hat immer zwei Seiten, die formal-organisatorische Seite und die didaktisch methodische Seite. Aus meiner Sicht sollte man bei der getrennten Betrachtung beider Seiten in jeder Seite einen „roten Faden" erkennen können. In der formal-organisatorischen Seite gehört dazu die deutliche Einteilung in verschiedene Unterrichtsphasen. Die häufigste Variante dabei ist die klassische Einteilung in Einstiegsphase, Hauptphase (Erarbeitung, Üben, Anwenden, Festigen, Wiederholen, …) und der Abschlussphase.

Auch wenn die Phasenübergänge eher zur didaktisch-methodischen Seite gehören, will ich sie an dieser Stelle trotzdem erwähnen, da sie auch rein formal zu einem reibungslosen oder auch „geschmeidigen" Ablauf der Stunde beitragen. Diese Phasenübergänge werden häufig unterschätzt, da sie oft schon bei der Planung unberücksichtigt bleiben. Aber gerade diese geplanten und logisch durchdachten Übergänge machen einen Stundenablauf für Schüler transparenter, flüssiger und nachvollziehbarer.

Auch das Zeitmanagement sollte in diesem Teil eine zeitlich-inhaltliche Gewichtung erfahren. Häufig sehe ich Einstiegsphasen von bis zu 25 Minuten, die inhaltlich aber nur zur Orientierung dienen und ohne echte Lerneffekte „dahinplätschern". Abschlussphasen werden dagegen in der Praxis eher etwas stiefmütterlich abgehandelt. Hier herrscht auch bei den meisten Referendaren schon ein gewisser Zeitdruck, und so bleibt ihnen oft nur eine kurze Zusammenfassung des Geleisteten in knapp fünf Minuten oder weniger.

Ganz bitter wird es immer für mich, wenn Referendare eine „Pseudoreflexion" von den Schülern verlangen, die allzu oft mit den Fragen „Was hat denn Spaß gemacht?", „An welcher Station hat es euch denn am besten gefallen?" oder „Wie hat euch heute die Gruppenarbeit gefallen?" abgetan werden. Aus meiner praktischen Erfahrung kann ich nur die Empfehlung geben, dass der Einstieg nicht länger als zehn Minuten, der Ausstieg mindestens zehn Minuten und der Hauptteil so lang wie möglich (in diesem schwierigen Rechenbeispiel dann 25 Minuten) umfassen sollte. Dies soll natürlich kein Dogma sein.

Hinweis

Zur didaktisch-methodischen Strukturierung gehört die Nachvollziehbarkeit der inneren Logik einer Unterrichtsstunde. Dabei sind folgende Prinzipien zu beachten:

- Der zweite Schritt ergibt sich aus dem ersten Schritt;
- vom Leichten zum Schweren,
- vom Einfachen zum Komplexen,
- von Teilaspekten zum Gesamtergebnis,
- enaktiv-ikonisch-symbolisch (das EIS-Prinzip in Mathematik),
- Problem-Vermutung (Hypothese)-Erarbeitung-Auswertung,
- …

Die didaktisch-methodische Strukturierung muss aber nicht nur vom Lehrer durchdacht geplant und durchgeführt werden, es muss vor allem auch für die Schüler nachvollziehbar werden. Für sie muss klar sein, warum der erste Schritt vor dem zweiten Schritt erfolgt oder warum diese Reihenfolge so eingehalten werden sollte.

Phasenübergänge

Mit den Phasenübergängen oder auch Gelenkstellen des Unterrichts ist es auch so ein Phänomen. Sie sind auf der einen Seite ein wichtiger Bestandteil für eine strukturierte und logisch aufgebaute Unterrichtsstunde, werden aber auf der anderen Seite oft bei der Unterrichtsplanung nicht berücksichtigt oder stiefmütterlich behandelt. Wie bekommt man aber so einen „geschmeidigen" Phasenübergang hin?

- Die neue Unterrichtsphase muss der vorangegangenen Unterrichtsphase didaktisch-methodisch logisch folgen.
- Die Logik ist auch für die Schüler transparent bzw. wird ihnen verdeutlicht.

Ich möchte an dieser Stelle nochmals auf die Bedeutung der Abschlussphase eingehen. Ich trichtere meinen Referendaren immer ein, dass möglichst viele Kompetenzbereiche einbezogen werden sollen. Ein „Muss" ist dabei die Berücksichtigung der Fach(Sach)kompetenz. Sollte der Schwerpunkt der Stunde eher methodenkompetenzorientiert ausfallen, so muss dazu etwas in der Auswertungsphase erbracht werden.

Folgende Kompetenzbereiche wurden berücksichtigt:

- Sach(Fach)kompetenz
- Methodenkompetenz
- Sozialkompetenz
- Personalkompetenz

Es wurden sinnvolle Kriterien für eine strukturierte Auswertung aufgestellt (z.B. für eine Präsentation oder Ergebnisvorstellung) und es wurden den Schülern (besonders den schwachen) Hilfsangebote gemacht (z.B. Satzanfänge, vorgegebene Struktur, …).

In klaren Einführungs- oder Erarbeitungsstunden ist das in der Regel kein Problem. Der inhaltliche Schwerpunkt wird mithilfe einer geeigneten Methode aufgegriffen und dabei das geplante Schwerpunktlernziel abgerechnet bzw. die Erreichung überprüft. Schwieriger dagegen ist die Auswertung zur Sachkompetenz in offenen Unterrichtsformen wie z. B. einer Lerntheke. Das Maß der Dinge sehe ich im Vermögen des Lehrers, durch Beobachtung problembehaftete Lerninhalte der verschiedenen Stationen zu erkennen und dazu dann die Auswertungsphase zu gestalten.

Beispiel

In einer Mathematikstunde Klasse 6 wurde von der Referendarin eine Lerntheke in Vorbereitung auf eine Klassenarbeit geplant. Inhaltlicher Schwerpunkt war die Wahrscheinlichkeitsrechnung. Für die sechs verschiedenen Stationen hatte die Referendarin je eine Auswertungsvariante in petto und suchte aufgrund ihrer gezielten Beobachtung während der Stunde die Station für die Auswertungsphase heraus, an der die Schüler die größten Probleme oder Schwierigkeiten hatten. Die Referendarin konnte an dieser Stelle gezielt die veränderte Lehrerrolle in offenen Unterrichtsformen nutzen, um sie für eine sinnvolle, strukturierte und schülerorientierte Auswertungsphase einsetzen zu können.

Ein für mich sehr bedeutsamer Aspekt wurde bis jetzt hinsichtlich der Strukturierung einer Unterrichtsstunde noch nicht erwähnt. Es geht um den sogenannten „Rahmen" der Stunde. Bei der Planung des Unterrichtseinstiegs muss man sich auch Gedanken über die Abschluss- oder Auswertungsphase machen. Nur wenn beide Phasen in einem sinnvollen Zusammenhang stehen, ist aus meiner Sicht die Transparenz des unterrichtlichen Handels gegeben.

Beispiel

In einer Erdkundestunde Klasse 7 ginge es um die Push-Pull-Faktoren der Stadt-Land-Beziehung in Indien. Den Schülern wurde zu Beginn drei kurze Filmsequenzen (Leben auf dem Lande, Leben in der Großstadt und Leben in den Slums) gezeigt. Die Schüler waren nun angehalten, Vermutungen über den Zusammenhang dieser drei Ausschnitte zu formulieren. Am Ende der Stunde wurden diese drei Filmsequenzen nochmals aufgegriffen, um zu zeigen, wie diese drei völlig verschiedenen Filmsequenzen zueinander in Verbindung stehen und der Stunde einen Rahmen geben.

In einer Biologiestunde einer sechsten Klasse stand Sexualkunde auf dem unterrichtlichen Programm. Die Schüler wurden in der Einstiegsphase als Bravo-Redakteure aus dem Teams von Dr. Sommer begrüßt und darauf eingestimmt. In Partnerarbeit bearbeiteten die Schüler die fiktiven Leserprobleme in Briefform. Am Ende der Stunde wurden diese Briefe präsentiert und in einen Postkasten gesteckt, um an die Leser weitergeleitet zu werden.

Viel zu häufig erlebe ich tolle Unterrichtseinstiege, doch am Ende fragt man sich (ebenso wie die Schüler), was der Einstieg nun mit der Stunde zu tun hatte.

Beispiel

In einer Geschichtsstunde der Klasse 9 stellte der Referendar nach seinem kurzen Einstieg drei Leitfragen zum zielgerichteten inhaltlichen Ablauf der Stunde. Am Ende der Stunde fanden diese drei Leitfragen dann in der Auswertungsphase keine Beachtung mehr. Im Auswertungsgespräch stellte ich dann die Frage, warum diese Leitfragen nicht mehr aufgegriffen wurden. Der Referendar meinte, dass er sie in der Aufregung komplett vergessen hatte. Das ist dann zwar ärgerlich, aber im Prinzip kein Problem, da dem betreffenden Referendar das bestimmt nicht noch einmal passieren wird.

Unterrichtsorganisation

Das Problem der Unterrichtsorganisation wird sehr oft unterschätzt, trägt aber maßgeblich dazu bei, den Unterricht effektiv zu gestalten. Dabei sehe ich zwei wichtige Aspekte. Zum einen die Logistik, die sich mit der Organisation, Steuerung, Bereitstellung und Optimierung von Unterrichtsprozessen befasst, und zum anderen mit der Gestaltung der Lernumgebung.

Logistik:

- Stehen alle Lernmaterialien in ausreichendem Maße zur Verfügung?
- Sind die verschieden Aufgaben sinnvoll gekennzeichnet (Farbgebung, Zahlen, Applikationen, …)?
- Wurde der Unterrichtsraum optimal für die Verteilung der Lernmaterialien genutzt (Lernstationen, Kontrollstationen, Hilfsangebote)?
- Sind wichtige Hinweise z. B. zu Regeln oder Kriterien gut sichtbar und übersichtlich positioniert?

- Ist das Verteilen der Lernmaterialien zweckmäßig organisiert?
- Passt die Sitzordnung zur Methode?
- Sport: Wie ist die Effektivität des Wechsels von einer Organisationsform in die andere?
- Werden eingesetzte Medien sinnvoll untereinander abgestimmt?
- Werden Medienträger (OHP, Tafel, Activeboards, Beamer, Karten, …) funktional und schülerorientiert genutzt?

Beispiele
- Fahrkartensystem beim Lernen an Stationen
- vorbereitete Farbcodierungen für das Gruppenpuzzle
- Aufsteller, Hängemappen, Funktionsecken

Lernumgebung

Ich gebe ehrlich zu, dass ich zu Beginn meiner Tätigkeit diesen Aspekt echt unterschätzt habe. Natürlich sehen wir als Seminarleiter meist auch besondere Stunden, wo wir uns auch oft den Vorwurf der Realitätsferne anhören müssen, da diese Stunden nicht dem Schulalltag entsprechen. Wenn ich dann aber beobachten kann, wie sich die Motivationslage bei Schülern ändert, wenn die Lernumgebung liebevoll und inhaltsentsprechend gestaltet ist, dann kommt diesem Aspekt doch eine bedeutende Rolle zu.

Beispiel

In einer neunten Klasse im Geografieunterricht wurde das Thema „Kakao" behandelt. Die sonst eher demotivierten und disziplinschwierigen Oberschüler staunten nicht schlecht, als sie den Geografieraum betraten. In einem für sie völlig ungewohnten Sitzkreis lag auf jedem Platz ein kleines Schokoladentäfelchen. Der Kakaoanteil bestimmte dann die Gruppenzusammensetzung für die folgende Gruppenarbeit zu verschieden Aspekten rund um das Thema Kakao. Höhepunkt war die Zusatzstation „Mixen eines Kakaogetränks" nach einem alten Rezept der Inka und deren Verkostung. Ich bin sicher, dass diese Oberschüler diese Stunde nicht vergessen werden. Sie haben äußerst konzentriert und mit viel Freude an den inhaltlichen Schwerpunkten gearbeitet.

Referendare neigen auch teilweise zu Übertreibungen, gerade bezüglich der gestalteten Lernumgebung kann dies aber auch zu einer Überfrachtung führen und ins Gegenteil umschlagen. Dann gebe ich den Tipp: „Weniger ist manchmal mehr".

Beobachtungs- und Bewertungsaspekte zur Strukturierung des Unterrichts

- Die Stunde folgte einer inneren Logik und es war durchgängig ein roter Faden erkennbar.
- Eine klare Phasengliederung der Stunde wurde offensichtlich.
- Die Phasenübergänge erfolgten didaktisch-methodisch sinnvoll und waren für die Schüler nachvollziehbar.
- Eine zeitlich-inhaltliche Gewichtung kam innerhalb der Phasenstruktur deutlich zum Tragen.
- Die Lernumgebung ist übersichtlich, überschaubar und angemessen auf den Unterrichtsgegenstand abgestimmt.
- Die Logistik (Unterrichtsorganisation) unterstützte wirkungsvoll und in effizienter Weise die unterrichtlichen Prozesse.

Webcode: SU163045-008

2.6 Initiierung von Lernprozessen

Die Initiierung von Lernprozessen ist das Hauptgeschäft eines Lehrers. Da Lernen bzw. auch der Lernprozess nicht sichtbar ist, müssen wir als Lehrer immer auf Ausgangs- und Endzustände zurückgreifen. Erst die Ergebnisse der Schüler zeigen uns den Erfolg unserer Arbeit. Deshalb ist auch gerade in der jetzigen Zeit der Ruf nach Kompetenzrastern immer lauter geworden. Hier kann man gut festmachen, wo der einzelne Schüler begonnen hat und wo er am Ende einer bestimmten Zeit angekommen ist. Damit sind dann auch zugleich Rückschlüsse auf die Effektivität von bestimmten unterrichtlichen Prozessen möglich und eine individuelle Förderung kann ansetzen.

Methodische Qualität

Die methodische Qualität kann man nicht losgelöst von den Zielen und den Inhalten der jeweiligen Unterrichtsstunde betrachtet werden. Ich bin auch der Meinung, dass die modernen Medien in dieses Wirkungsgefüge einbezogen werden müssen. Die methodische Qualität von Unterricht kann demzufolge nicht durch die im Unterricht eingesetzten Methoden eingeschätzt oder beurteilt werden, sondern müssen immer in engem Zusammenhang zu den anderen drei Bestandteilen gesehen werden. Kurz gesagt gibt es nicht die gute oder schlechte Methode. Eine Methode bewährt sich (oder eben auch nicht) erst im Zusammenspiel mit den Zielen, den Inhalten und den Medien.

Beispiel

Das Gruppenpuzzle ist eine mittlerweile weitverbreitete Unterrichtsmethode und erfreut sich großer Beliebtheit. Eine Referendarin präsentierte diese Methode in ihrer Hospitationsstunde. Es war eine Deutschstunde in Klasse 8 und es ging um kreative Schreibprozesse im Kontext des Romans „Billy Elliot – I will dance". Das Problem war hier nicht das Gruppenpuzzle an sich. Kreatives Schreiben ist ein eher individueller Prozess zumindest am Anfang. Wird eine solche Aufgabe in die Gruppe gegeben, werden die starken und kreativen Schüler das Heft in die Hand nehmen und die weniger kreativen oder auch schreibblockierten sich im Hintergrund halten. Das soll aber nicht Ziel sein, möglichst alle Schüler sollten optimal gefördert werden. Dafür war aber die Methode des Gruppenpuzzles eher weniger geeignet.

Medienkompetenz

Jeder Lehrer sollte in der Lage sein, im eigenen Unterricht die neuen Medien sachkompetent und zielorientiert einzusetzen. Dabei geht es nicht darum, jede Neuheit sofort in den Unterricht zu integrieren, doch gehört der Umgang mit neuen Medien zu den wichtigen Aufgabenbereichen der Schule. Hier trägt jeder Lehrer eine große Verantwortung für seine persönliche Fortbildung und Qualifizierung. Es kann nicht sein, dass es Lehrer gibt, die Schülern bestimmte moderne Medien vorenthalten, bloß weil sie nicht qualifiziert für deren Einsatz sind.

Differenzierung

Differenzierung ist ein Bereich, der im Zuge der immer größer werdenden Heterogenität unserer Schüler einen ständig steigenden Stellenwert einnimmt. Wir legen in unserer Ausbildung sehr viel Wert auf die Differenzierung. Auffällig wird dabei, wie wenig Wissen über dieses doch so wichtige Thema sowohl bei den Referendaren als auch bei Ausbildungslehrern (Mentoren unserer Referendare) da ist. Die schlimmsten Beispiele sind in diesem Zusammenhang „Wer fertig ist, nimmt sich ein Mandala!" oder „Für die ganz Schnellen habe ich noch ein Arbeitsblatt!".

Am Häufigsten ist neben der quantitativen Differenzierung auch die qualitative Differenzierung nach drei Niveaustufen anzutreffen. Dass die Bandbreite der Differenzierungsmöglichkeiten aber noch deutlich weiter in die Breite als auch in die Tiefe geht, ist den wenigsten Referendaren bewusst. Viele Referendare differenzieren auch unbewusst, ohne zu wissen, dass dies schon eine echte Differenzierungsmaßnahme ist. Die hier eingefügte Grafik soll die Vielfalt der Differenzierungsmöglichkeiten verdeutlichen.

Im Bereich „Differenzierung nach dem didaktisch-methodischen Konzept" gilt es, als Lehrer darüber nachzudenken, inwieweit mein Konzept bzw. mein Lernweg der Erfolg versprechendste für den jeweiligen Schüler ist. Nicht jeder Lernweg ist für jeden Schüler geeignet. Im Bereich „Hilfe" kann einmal der Lehrer durch individuelle Motivation, Anleitung oder Tipps hilfreich und differenziert zur Seite stehen. Die Schüler können sich in verschiedenen Sozialformen gegenseitig helfen bzw. als „Experten" gezielt andere Schüler unterstützen und ihrerseits vom Erklärungsprozess profitieren. Innerhalb der „medialen Hilfe" können Tipps in verschiedenen Graduierungen bereitgestellt, Hilfsmittel genutzt oder auch untersagt sowie bestimmte strukturierte Schrittfolgen (Algorithmen) zur Verfügung gestellt werden. Die Differenzierung im Bereich „Medien" zielt erstens auf unterschiedliche Lerntypen, zweitens auf den Schwierigkeitsgrad verschiedener Medien zum gleichen inhaltlichen Schwerpunkt (Karikaturen, Diagramme, Wörterbücher, ...) und drittens auf eine abgestufte Hilfsmittelnutzung ab. Der Bereich „Sozialformen" nutzt die Potenziale, dass Schüler vom unterschiedlichen Leistungsvermögen, aber auch vom Sozialgefüge Nutzen ziehen können (Gruppen- oder Partnerarbeit).

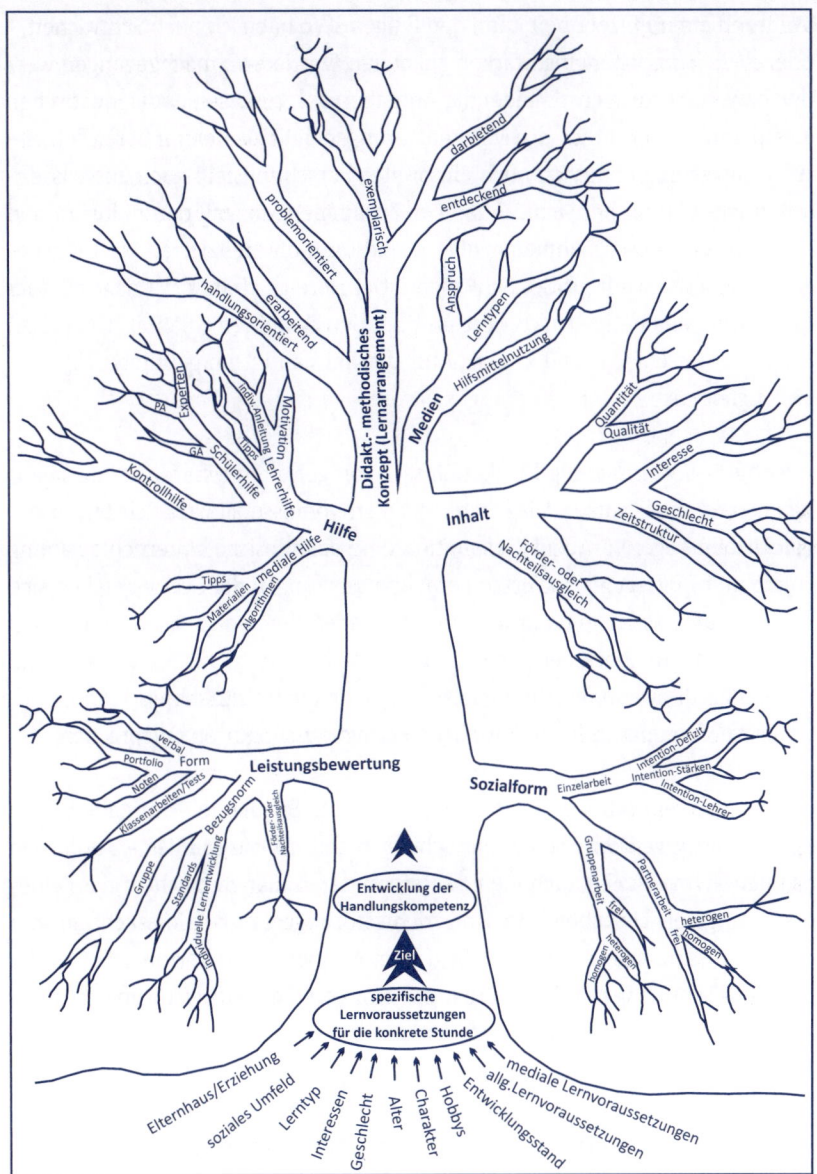

Abb. 2.2: Holger Dathe, Baum der Binnendifferenzierung, 2010

Während einer Einzelarbeit kann den Fragen „Wo habe ich noch Schwächen?" oder „Wie kann ich meine Stärken ausbauen/vertiefen?" nachgegangen werden bzw. der Lehrer entscheidet die Aufgaben aufgrund seiner diagnostischen Kompetenz. Hinsichtlich der Differenzierungsmöglichkeiten im Bereich „Leistungsbewertung" sehe ich noch ein breites Forschungsfeld auch aus wissenschaftlich-empirischer Sicht. Gerade im Zusammenhang mit der Inklusion sind Differenzierungsmaßnahmen in aller Munde, zur differenzierten Leistungsbewertung herrscht oft großes Schweigen. Der Bereich „Inhalt" ist dagegen klar und relativ eindeutig strukturiert und mit den Aspekten Qualität, Quantität, Interesse, Geschlecht und Zeitstruktur der am häufigsten genutzte Differenzierungsbereich.

Wichtigste Voraussetzung für den Einsatz von gezielten Differenzierungsmaßnahmen ist eine genaue Diagnostik der Lernvoraussetzungen. Ich bin in der glücklichen Lage, vor jeder Hospitation eine ausführliche Unterrichtsplanung zu erhalten. Die diagnostizierten Lernvoraussetzungen der Schüler ziehen sich in einer guten Planung dann wie ein roter Faden durch die Ausführungen. Ich kann Sie aber dennoch beruhigen, es gibt in jeder Unterrichtsstunde genügend Anzeichen dafür, ob die Differenzierungsmaßnahmen situationsspezifisch gewählt wurden und auch den jeweiligen Lernvoraussetzungen entsprechen.

Besonders skeptisch werde ich, wenn sehr gute Schüler alle Aufgaben ohne Fehler bewältigen oder schwache Schüler nicht mal die Mindestanforderung erfüllen. Ich versuche auch meinen Referendaren klar zu machen, dass eines der häufigsten Ursachen von Unterrichtsstörungen in der Missachtung der Lernvoraussetzungen begründet liegt. Unter- aber auch überforderte Schüler sind sehr schnell bereit, ihren Frust in Form von Unterrichtsstörungen kundzutun.

Beispiel

Im Mathematikunterricht der Klasse 6 beobachte ich eine Festigungsstunde zum Thema „Brüche" mit der Methode einer Lerntheke. Ziel für die Schüler sollte es sein, mindestens vier der sechs Angebote zu schaffen. An der Station vor mir saßen sechs Kinder, die während der gesamten Arbeitsphase an nur einem Angebot gearbeitet und noch dazu auch noch sehr viele Fehler gemacht haben.

Anteil echter Lernzeit

Der Kern dieses Aspekts liegt im Wort „echt". Die von Schülern im Unterricht „abgesessene" Zeit kann nicht mit „echter" Lernzeit gleichgesetzt werden. An dieser Stelle schließt sich auch der Bogen zur Logistik im unterrichtlichen Handeln. Wie viel Zeit bleibt von der eigentlichen Lernzeit ungenutzt durch schlechte Logistik? Viele Autoren sprechen auch davon, dass nur die aktiv genutzte Zeit als echte Lernzeit zählt. Ich habe viele Stunden gesehen, in den die Schüler durchaus beschäftigt waren und vollauf zu tun hatten. Aber leider ist auch reiner Aktionismus aus meiner Sicht nur Verschwendung von echter Lernzeit.

Beispiel
Es gibt eine Geschichtsstunde zur Industrialisierung in England. Die Schüler bauen jeder in Einzelarbeit einen Webstuhl aus Pappkarton und Wollfäden. Sie sind voll bei der Sache und werden diese Stunde sicher auch noch lange in Erinnerung behalten. Aber mit echter Lernzeit hatte das leider nichts zu tun, insbesondere da Geschichte (zumindest in Berlin und Brandenburg) noch dazu ein „Einstundenfach" ist.

Qualität der Arbeitsaufträge und Aufgabenstellungen

Bei der Initiierung von Lernprozessen kommt der Qualität der Arbeitsaufträge und Aufgabenstellungen eine tragende Rolle zu. Diese Qualität wirkt sich maßgeblich auch auf die anderen Bereiche aus.

Nicht der Aufgabengegenstand, nicht die tolle Einkleidung machen eine Aufgabe zur „guten" Aufgabe, sondern, dass Schüler Fähigkeiten und Kompetenzen an vorstellbaren Problemen anwenden und weiterentwickeln. (Leisen 2006)

Das Wort „neue Aufgabenkultur" springt einem in diesem Zusammenhang immer wieder entgegen. Deshalb möchte ich an dieser Stelle auch die Ausführungen von *Helmke* zu dieser Problematik anführen, da ich sie zum einen interessant und richtig finde und zum anderen auf die schwammigen Begrifflichkeiten in der Didaktik aufmerksam machen möchte.

Eine Eigentümlichkeit der Diskussion im deutschsprachigen Raum ist die Tendenz – man könnte auch von „Marotte" sprechen –, zur Vernebelung von Aussagen durch die Bildung von Bindestrichwörtern mit dem Suffix „-kultur". Kaum ein Konzept, das nicht von dieser „Kulturinflation" erfasst wurde: Unterrichtskultur, Fehlerkultur, Lernkultur, Aufgabenkultur, Kooperationskultur, Streitkultur – bis hin zu so schwachsinnigen Begriffen wie „Empörungskultur". Das Problem dieser Floskeln ist ihre Verschwommenheit und Beliebigkeit: Sie lassen sich mit sehr unterschiedlichen Inhalten füllen und suggerieren eine konzeptuelle Klarheit, von der wir in Wirklichkeit weit entfernt sind. (Helmke 2006, 42)

Ich möchte deshalb den Begriff „neue Aufgabenkultur" bewusst vermeiden und umschreibe es einfach mit „Anforderungen an zeitgemäße Aufgabenstellungen". Was sollten nun diese Anforderungen berücksichtigen?

- authentische Probleme
- verschiedene Zusammenhänge d. h., das Wissen soll auch in anderen Situationen angewendet werden
- multiple Perspektiven, d. h. Inhalte und Probleme sollten unter verschiedenen Blickwinkeln beleuchtet werden
- den sozialen Kontext
- durch veränderte Aufgaben die Entwicklung der von den Bildungsstandards geforderten Kompetenzen erleichtern
- die kritische Reflexion der eigenen Aufgabenpraxis anstoßen
- neue Erkenntnisse aus der Lehr- und Lernforschung berücksichtigen
- es ermöglichen, Bewährtes begründet beizubehalten

Chancen

- Lernende können durch Aufgaben gesteuert selbstständig Neues lernen.
- Individuelle Bearbeitungswege sind möglich.
- Das Lerntempo kann variieren.
- Dem Lehrenden wird die Rolle des Beraters und individuellen Betreuers zukommen.
- Individuelle Lernstandsdiagnosen werden erleichtert.
- Gute und bewährte Lernaufgaben können ausgetauscht werden.

Bildungstheorie → Bildungsstandards, Kompetenzorientierung

Anforderungen
- Unterschiedliche Schwierigkeitsgrade
- Beschreibung des geforderten Wissens und Könnens
- Ergebnisorientierung

Standardbasierte Aufgaben
- Übungsaufgaben zur Sicherung von Basiswissen
- Variationen der Aufgabenstellung (Erweiterung, Transfer, Vertiefung und Verknüpfung, intelligentes Wissen aufbauen)
- Erprobung unterschiedlicher Übungsformen

Kognitive Aktivierung
- Problematisierungs- und Anwendungsaufgaben
- Anknüpfen an Alltagserfahrung
- Entwickeln von Problemlösungsstrategien
- Vermeidung von „totem" Wissen

Kumulatives Lernen
- Vernetzung der Inhalte über die Schuljahre hinweg
- Kompetenzzuwachs erfahrbar machen
- Ständiges Anwenden des Gelernten

Kompetenzentwicklung durch „Neue Aufgabenkultur"

Unterschiedliche Lösungswege
- Kultivieren einer Vielfalt von Lösungswegen
- Offene Aufgabenstellungen
- Selbstständiges Erkunden
- Raum für Umwege und ungewöhnliche Ideen
- Offener Verlauf des Unterrichts

Individualisiertes Lernen
- Diagnose und individuelle Förderung
- Verantwortung für das eigene Lernen ermöglichen
- Fehler als Lerngelegenheit nutzen

Aufgaben für Kooperation und Kommunikation
- Stärken sozialer Kompetenzen durch Teamarbeit
- Argumentieren, Begründen, Reflektieren zu Erarbeitung und Festigung von Wissen

Innere Differenzierung
- Unterschiedliche Zugangswege
- Zulassen von experimentellem Handeln
- Binnendifferenzierung

Zentrale Lernstandserhebungen (international, national)

Bildungs-/Systemmonitoring

Abb. 2.3: Kompetenzentwicklung durch neue Aufgabenkultur, aus: KMK Projekt, Webauftritt „for.mat", http://www.kmk-format.de/Deutsch-Orientierung.html

Fragestellungen und Impulssteuerung (Unterrichtsgespräch)

Dieser Aspekt gehört für mich zu den schwierigsten Instrumenten des unterrichtlichen Handelns. Dies möchte ich auch kurz begründen. Zunächst denke ich, dass viele Lehrer die Schwierigkeit, ein zielgerichtetes und Lernprozess unterstützendes Unterrichtsgespräch zu führen, unterschätzen. Ich sehe das schon ganz oft in der Planung meiner Referendare. Während Methoden, Einstiege, Medien und andere Dinge haarklein erläutert und begründet werden, wird dem Unterrichtsgespräch nur wenig Aufmerksamkeit geschenkt. Dabei lassen sich gerade die bedeutenden und zielführenden Fragestellungen viel besser zu Hause ganz in Ruhe planen.

Die meisten Referendare vertreten die Meinung: „Das muss ich ganz spontan entscheiden" oder „Das wird sich schon aus der Situation heraus ergeben", oder „Ich kann doch nicht jede Frage vorher planen". Aber genau an dieser Stelle liegt der Hase im Pfeffer. Nach der Stunde wundern sich dann die Referendare, dass sie Fragen mehrfach umformulieren mussten, dass sich kaum Schüler am Unterrichtsgespräch beteiligt haben, dass die Antworten eher einsilbig geblieben sind, um nur einige Beispiele zu nennen. Natürlich kann und sollte man auch nicht jede einzelne kleine Frage im Voraus planen, aber genau dann, wenn man merkt, dass es meist bei den Unterrichtsgesprächen nicht optimal läuft, sollte der Planung mehr Beachtung geschenkt werden. Desto mehr mein geplantes Unterrichtsgespräch zielgerichtet und hinführend ausgerichtet ist, um so besser kann ich diesen Teil auch vorher planen.

Das Unterrichtsgespräch ist eine Unterrichtsmethode, die in ihren verschiedenen Erscheinungen nach wie vor einen großen Anteil der Unterrichtszeit einnimmt. Unterrichtsgespräche finden zwischen Lehrer und Schüler statt und dienen einem zielgerichteten Austausch über die verschiedenen Bereiche der Kompetenzentwicklung. Sie werden vorrangig vom Lehrer als Initiator von Lernprozessen bestimmt und gesteuert und variieren je nach Intentionen von Unterricht von starker zu geringer Lenkung.

Gesprächsformen

Grundsätzlich sind zwei Typen unterrichtlicher Gesprächsformen zu unterscheiden:

- Ziel- und ergebnisorientierte Gesprächsformen (Lehrer steuert gezielt das Gespräch)

- Offene Gesprächsformen (Lehrer bleibt im Hintergrund und greift nur bei zu starkem Abweichen vom Zielpfad ein)

Ziel- und ergebnisorientierte Gesprächsformen

Das geschlossene Unterrichtsgespräch

Das geschlossene Unterrichtsgespräch als ziel- und ergebnisorientiertes Gespräch wird vom Lehrer zielgerichtet geplant und auf ein konkretes Ziel hin gesteuert. Innerhalb des geschlossenen Unterrichtsgesprächs sind vier Typen zu unterscheiden:

- das Lehrgespräch, gelenktes Unterrichtsgespräch (Kennzeichen: Lenkung durch den Lehrers; enge Impulsführung; kaum unterschiedliche Denkweisen der Schüler einbeziehend)
- das fragend-entwickelnde Unterrichtsgespräch (Kennzeichen: Der Lehrer führt die Schüler meist kleinschrittig und suggestiv.)
- den katechetischen Frageunterricht (Kennzeichen: Das kleinschrittigste aller Verfahren; einer Lehrerfrage kann nur eine Schülerantwort entsprechen.)
- das sokratische Gespräch (Kennzeichen: Der Lehrer leitet die Schüler durch geschicktes Fragen zum eigenständigen Finden einer Lösung.)

(Vgl. *Gudjons* 2003, 60 ff.)

Das gelenkte Unterrichtsgespräch

Das gelenkte Unterrichtsgespräch ist eine oft genutzte Gesprächsmethode für die Einführung von Themen oder innerhalb von Erarbeitungs-, Kleingruppen- oder Klassengesprächen. Der Lehrer steuert das Unterrichtsgespräch mithilfe komplexer und divergenter Fragen sowie durch offene Impulse und Hinweise. Die Schüler erhalten dadurch die Möglichkeit, ihre unterschiedlichen Erfahrungen, Interessen und Denkweisen einzubringen.

Das fragend – entwickelnde Unterrichtsgespräch

Das fragend-entwickelnde Unterrichtsgespräch ist Untersuchungen zufolge die am häufigsten vorkommende Gesprächsform im Unterricht. Das Verhältnis von Lehrer- und Schüleraktivität liegt bei dieser Gesprächsmethode eindeutig aufseiten des Lehrers.

Hier begegnet man oft Suggestivfragen, die wenig Raum für verschiedene Sichtweisen der Schüler lässt. Reduziert sich das fragen-entwickelnde Unterrichtsgespräch auf ein formales Frage-Antwort-Spiel, so bleiben die Potenziale dieser Gesprächsmethode ungenutzt und führen zwangsläufig zur Einengung der Schüler.

Eine sukzessive Entwicklung von einem provozierenden Frageunterricht hin zum offenen Unterrichtsgespräch wird sich folgerichtig positiv auf die Entwicklung kommunikativer und sozialer Kompetenzen auswirken.

Hinweis

Fragen zu stellen gehört zum Handwerkszeug des Lehrers. Geschickte Fragestellungen müssen zielgerichtet geplant werden und bedürfen einer hohen Flexibilität des Lehrers in der konkreten Unterrichtssituation. Nachfolgende Fragen können bei der Planung eines fragen-entwickelnden Unterrichtsgesprächs hilfreich sein:

- Ist ein roter Faden innerhalb meines Fragenkataloges erkennbar?
- Soll meine Frage provozieren oder an Vorkenntnisse und Interessen der Schüler anknüpfen?
- Zielt die Frage auf das Erkennen von Zusammenhängen oder Ursachen ab?
- Steht die Frage für die Sicherung von Ergebnissen?
- Führen konvergente oder eher divergente Fragen zum Lernerfolg der Schüler?
- Tragen meine Fragen zur Förderung der schülerorientierten Lösungsfindung bei?
- Sind die Fragen ergebnisorientiert oder eher lernprozessorientiert? Wie sind diesbezüglich meine Intentionen?
- Lasse ich meinen Schülern genügend Spielraum für Kreativität und Lösungssuche?
- Wie kann ich sich zurückhaltende Schüler aktivieren bzw. motivieren?
- Wie kann ich auch Schüler-Schüler-Gespräche initiieren?
- Wie gehe ich mit falschen Schülerantworten um?
- Stelle ich differenzierende Fragen im Sinne individueller Förderung?
- Wie kann ich Doppel- oder Suggestivfragen und das Lehrerecho vermeiden?

(Vgl. *Gudjons* 2003, 60 ff.)

Im Gegensatz zur Lehrerfrage eignet sich eine gezielte Impulsgebung oft besser, um das Denken der Schüler im Unterricht sowie das Fortschreiten des Lernprozesses zu aktivieren. Die Schüler werden gezielter bei der selbstständigen Lösungsfindung und Versprachlichung von Lerninhalten unterstützt. Impulse können erfolgen durch:

- die Körpersprache des Lehrers (Mimik, Gestik, …)
- Medien (Bilder, Gegenstände, Schrift/Text, Film, originale Begegnung mit dem Lerninhalt u. v. m.)
- verschiedene Schülerantworten
- Hinweise des Lehrers

Das offene Unterrichtsgespräch

Die Aufgaben und Ziele offener Gesprächsformen im heutigen Unterricht haben nur wenig mit dem Entertainment flacher und niveauloser Talkrunden der Fernsehmittagsveranstaltungen gemein. Deshalb muss vom Lehrer ein grundlegendes Maß an Regeln vermittelt und mit den Schülern immer wieder geübt werden. Dies ist Grundvoraussetzung, damit ein offenes Unterrichtsgespräch nicht in Belanglosigkeiten abgleitet. Die Aufgabe der Lehrkraft ist es, die Schüler durch den Einsatz verschiedener Methoden miteinander ins Gespräch zu bringen und das Gespräch zu moderieren.

Auf der Schülerseite können dadurch folgende Prozesse angeregt und gefördert werden:

- Auseinandersetzung mit Problemkreisen
- Frage- und Diskussionstechniken
- selbstständiges Finden von Lösungsansätzen und -möglichkeiten
- Entwicklung von Kommunikationskompetenz
- Entwicklung von Sozial- und Personalkompetenz

Daraus wird deutlich, dass das offene Unterrichtsgespräch eine der schwierigsten und anspruchsvollsten Gesprächsformen überhaupt ist. Basis dafür ist ein hohes Maß an Disziplin und grundlegender Gesprächskompetenz, welche ständig weiterentwickelt werden muss.

Angebahnt werden diese Gesprächsmethoden schon in Kindergärten und Kindertagesstätten (z. B. Gesprächs- und Erzählkreis, Morgenkreis, Schlusskreis, …). In der Grundschule werden diese Methoden kontinuierlich weiterentwickelt, um die sprachlichen Fähigkeiten zu fördern (Erzählstein, Blitz-licht, Murmelphasen, Partnerinterview, Bienenkörbe, Kugellager- oder Doppelkreismethode, Stilles Gespräch, …). In weiterführenden Schulformen wird diese Weiterentwicklung auf einem höheren Niveau fortgesetzt und der Bedeutung der Sprache bei Denk- und Lernprozessen eine hohe Aufmerksam-keit geschenkt. Anspruchsvollere Gesprächsformen werden angebahnt und genutzt (Diskussion, Expertengespräch, Pro-und-Contra-Debatte, Fishbowl-Methode, Podiumsdiskussion, …)

Hinweis

Drei Voraussetzungen sind von unabdingbarer Bedeutung für das Gelingen von Unterrichtsgesprächen:

- Kommunikative Kompetenz als eine Schlüsselqualifikation
- Ermöglichung angemessener sprachlicher Auseinandersetzung mit Lern-inhalten und -prozessen
- Gewährleistung eines gleichberechtigten Austauschs von Meinungen und Befindlichkeiten
- Einflussfaktoren, die der Lehrer beachten sollte:
- Sachinhalt (gemeinsam) festlegen (Substanz, Schülerorientierung, Lebenswirklichkeit, Bedeutung)
- veränderte Lehrerrolle (Moderator)
- Balance zwischen Freiheit und Lenkung finden

- Schaffung einer vertrauens- und respektvollen Atmosphäre
- Gesprächsmotivation wecken
- gesprächsförderndes Verhalten anerkennen und loben
- auf eine gesprächsfördernde Sitzordnung achten (z. B. Sitzkreis, beque-me Sitzhaltung auf Stühlen, Lehrer gleichberechtigt in der Runde, …)
- Gemeinsames Festlegen von Regeln und Achten auf deren Einhaltung:
  - genaues Zuhören
  - Fragehaltung entwickeln
  - Bereitschaft unterstützen und Fähigkeit üben, sich sprachlich zu äu-ßern
  - in vollständigen Sätzen reden
  - die eigene Meinung begründen können

- die Gesprächsbeiträge der Mitschüler akzeptieren
- andere ausreden lassen
- auf die Äußerungen der anderen eingehen
- Mitschüler mit Namen ansprechen
- bei der Sache bleiben
- nicht abschweifen
- zur Gruppe sprechen oder zum Einzelnen
- Unvollständiges ergänzen

Transparente Leistungsbewertung und -beurteilung

Beurteilen und Bewerten sind grundlegende Lehrerqualifikationen. Leistungsermittlung und Leistungsbewertung sind an rechtliche Grundlagen und Rahmenvorgaben gebunden, wie sie im Schulgesetz, in Schulordnungen, Lehrplänen, Bildungsstandards und Beschlüssen der Kultusministerkonferenz verankert sind. In einem Unterricht, der die Schüler in den Mittelpunkt stellt und sie zu selbstständigem und eigenverantwortlichem Lernen anleitet, hat die Beurteilung und Bewertung von Leistungen eine besondere Rolle und geht weit über die bloße Notengebung hinaus. Die Fähigkeit zu spezifischer und individueller Bewertung und Beurteilung in verschiedenen Lernphasen, die Anleitung zu realistischer Selbsteinschätzung und die Stärkung der individuellen Motivation sind wichtige Qualifikationen in diesem Zusammenhang.

Beurteilung und Bewertung setzen Beobachtung, differenzierte Beschreibung und die Einschätzung von Lernergebnissen und Lernprozessen voraus. Zur diagnostischen Kompetenz des Lehrers gehören das Erkennen von spezifischen Lernvoraussetzungen, das Einschätzen der Sach- und Methodenkompetenz, der sozialen und persönlichen Entwicklung der Schüler sowie das Erkennen von Lernbeeinträchtigungen.

Aspekte für eine qualifizierte Leistungsbewertung und -beurteilung sind:

- transparente Leistungserwartungen (Kriterien)
- Transparenz der Bewertung
- mündliche und schriftliche Bewertungsformen
- Zensierung
- Lehrerverhalten im Umgang mit Wertungen
- Berücksichtigung der Auswertung aller Kompetenzbereiche (mit Schwerpunktsetzung)

Situative Flexibilität

Beim unterrichtlichen Handeln ist die situative Flexibilität eigentlich schon „überlebensnotwendig". Selbst bei tiefgründigster Analyse der Lernvoraussetzungen und kompetentester Planung wird es in jeder Stunde Situationen geben, in denen man flexibel reagieren muss. Von meinen Referendaren höre ich oft die Aussage:

Aber ich musste mich doch an meine Planung halten, Ich wusste nicht, dass ich auch von der Planung abweichen darf oder Ich dachte, es wird negativ gewertet, wenn ich von der Planung abweiche.

Es ist wirklich schwierig, dies aus den Köpfen der Referendare zu bekommen. Jeder Lehrer weiß, dass es zu viele Faktoren gibt, die Einfluss auf den Stundenverlauf haben können. Sei es eine Wespe im Klassenraum, ein Eichhörnchen, das draußen auf einen Baum herumklettert, seien es vergessene Arbeitsmaterialien oder Hausaufgaben, sei es eine Prügelei in der Pause vorher oder der Liebeskummer einer Schülerin. Ich könnte die Palette noch ewig erweitern. Fakt ist, man muss als Lehrer in der Lage sein, auf Unvorhergesehenes reagieren zu können. Ich gebe auch ehrlich gegenüber meinen Referendaren zu, dass ich als Unterrichtsbeobachter immer in der besseren Position bin,

- erstens weil ich mich nur auf das Beobachten konzentrieren kann,
- zweitens viel mehr Zeit für Überlegungen zu Alternativen habe und
- man drittens hinterher immer schlauer ist.

Es geht aber auch nicht darum, hinterher den „Besserwisser" herauszukehren, sondern es geht um die Diskussion echter und Erfolg versprechender Alternativen.

Tipp

Geht es im Auswertungsgespräch um die situative Flexibilität, so beginnen Sie bitte niemals mit dem Satz: „Ich hätte an dieser Stelle ...". Das wäre einfach unfair gegenüber der Lehrkraft, bei der Sie hospitiert haben. Loben Sie die Lehrkraft dafür, dass sie sich für eine von der Planung abweichende Variante entschieden hat, auch wenn das nicht unbedingt von Erfolg gekrönt war. Suchen Sie gemeinsam nach Alternativen und betreiben Sie Ursachenforschung, ohne zu belehren.

Hier ist eine fruchtbringende Diskussion auf Augenhöhe gefragt. Auch der erfahrendste Lehrer kann nicht garantieren , ob seine Variante die wirklich bessere gewesen wäre. Ermutigen Sie die Lehrkraft, immer wieder Varianten auszuprobieren, um sich nach und nach ein großes Repertoire an Alternativen anzulegen.

Wie oft habe ich es in Stunden erlebt, dass stur nach Plan weiter gearbeitet wurde, obwohl schon kaum noch ein Schüler dem Unterrichtsgeschehen folgen konnte oder wollte. Anstatt sich einzugestehen: „Okay, meine Planung geht nicht so auf, wie ich es mir gedacht habe", ist es ratsam, sich zu sagen: „Ich muss jetzt reagieren." Die Kunst daran ist aber, aus dem Moment heraus die richtigen Entscheidungen zu treffen, innezuhalten und sich bewusst zu fragen: „Wann und wie kann ich jetzt noch eine Änderung vornehmen?" Die häufigsten Problemkreise dabei sind:

- Zeitmanagement (Referendare neigen aus Angst vor Leerlauf dazu, ihre Stunden zu voll zu packen)
- Überforderung
- Unterforderung
- ungeeigneter Medieneinsatz
- ungünstige Wahl der Methode oder Sozialform

Bei Zeitproblemen muss die Lehrkraft an der richtigen Stelle den Mut zur Lücke haben und „nur" versuchen, den Gesamtrahmen der Stunde zu erhalten. „Den Rest macht ihr als Hausaufgabe" ist wohl die unpädagogischste aller Varianten. Die Lehrkraft muss sich die Frage stellen, welche Teile kann ich weglassen oder verschieben und trotzdem Ergebnisse bzw. Teilergebnisse der Stunde sichern, ohne dass der Gesamtzusammenhang darunter leidet.

Erkennt die Lehrkraft, dass die Schüler überfordert sind, so geht man entweder nochmals einen Schritt zurück oder schlägt (wenn möglich) einen alternativen methodischen Weg ein. Kommt es zu einer Unterforderung, so besteht die Möglichkeit des schnelleren Voranschreitens im Lernprozess oder in einer Steigerung des Niveaus der Anforderungen an die Schüler.

Leider bemerken gerade Referendare eine Unterforderung nur selten, sie schweben dann meist auf der Erfolgswelle, da die Schüler die gestellten Anforderungen leicht bewältigen. In Gedanken haben Sie dann schon bei der

Lernzielabrechnung überall grüne Häkchen gesetzt. Wenn ich dann aber im Auswertungsgespräch auffordere, anhand der Schülerergebnisse nachzuweisen, welchen Lernzuwachs die Schüler in dieser Stunde in den jeweiligen Kompetenzbereichen hatten, kommt das große Erwachen bzw. setzt meist das große Schweigen ein. Ein ungeeigneter Medieneinsatz ist nur schwerlich zu kompensieren, wer hat schon auf die Schnelle noch ein paar weitere Medien in der Tasche. Hier gilt es, zu improvisieren.

Beispiele

- Es kann ein zu kleines Bild herumgegeben werden.
- Zu kleine Texte auf einer OH-Folie können vorgelesen werden.
- Schlecht lesbare Schülerergebnisse (Plakate, Schautafeln, Arbeitsblätter, Diagramme, ...) können durch einem Galeriegang transparenter werden.
- schlechte Tonqualität bei Filmsequenzen kann der Lehrer durch eigene Kommentare ersetzen.
- ...

Bezüglich der ungeeigneten Methodenwahl bzw. Wahl der Sozialform bleibt in der Regel nur die Alternative, spontan einen Methodenwechsel bzw. den Wechsel der Sozialform vorzunehmen.

Beispiel

Eine sehr bittere Erfahrung, zum Glück mit „Happy End", musste eine Referendarin in einer Prüfungsstunde machen, als sie ihr geplantes Gruppenpuzzle durch sieben Krankheitsfälle (im Kurs waren insgesamt nur 14 Schüler) zusammenbrechen sah. Der im wahrsten Sinne des Wortes „situativen Flexibilität" der Schulleiterin war es zu verdanken, dass die Referendarin trotzdem ihr Gruppenpuzzle durchführen konnte. Kurzerhand holte sie sieben Schüler aus einer Parallelklasse und die Prüfung konnte relativ normal durchgeführt werden.

Beobachtungs- und Bewertungsaspekte
zur Initiierung von Lernprozessen

- Die Aufgabenstellungen des Lehrers entsprechen den Anforderungen an zeitgemäße Aufgabenstellungen (neue Aufgabenkultur).

- Der Anteil echter Lernzeit ist angemessen hoch!

- Das Verhältnis von Lehrer- und Schüleraktivitäten ist eindeutig auf Schülerseite zu verzeichnen.

- Die methodischen Entscheidungen sind auf die Lernvoraussetzungen der Schüler, auf die Inhalte sowie auf die Zielstellungen ausgerichtet.

- Die eingesetzten Differenzierungsmaßnahmen resultieren aus der kompetenten Analyse der Lernvoraussetzungen und berücksichtigen die Heterogenität der Schüler.

- Die aufgestellten Leistungserwartungen sind für die Schüler eindeutig, erfolgen kriterienbezogen und orientieren sich an sinnvollen Bezugsnormen (Standards, Gruppen, individuelle Leistungsentwicklung).

- Der Lehrer nutzt geschickt die verschiedenen Varianten an Unterrichtsgesprächstechniken in Abhängigkeit von Zielen, Methoden Inhalten und Medien.

- Der Lehrer reagiert flexibel auf die verschiedensten Unterrichtssituationen und trifft Entscheidungen, die einen positiven Einfluss auf den weiteren Unterrichtsverlauf haben.

Webcode: SU163045-009

2.7 Fachliche Qualität

Für die Beurteilung dieses Kriteriums sollte man wirklich vom Fach sein. Zu allen anderen Kriterien kann man immer eine zielgerichtete Rückmeldung geben. Im Bereich der Fachkompetenz ist es schon von grundlegender Bedeutung, dass man auch selbst fachkompetent ist. Ist dies nicht der Fall, kann man diesen Bereich problemlos vernachlässigen. In meinen zahlreichen Hospitationen wurde das besonders in den Fächern Spanisch oder Französisch offensichtlich. Ich hatte aber in solchen Situationen den Vorteil, dass häufig der entsprechende Fachseminarleiter der Hospitation beiwohnte und er den fachlichen Part übernehmen konnte.

Tipp

Bevor man als „Nichtfachmann" versucht, fachliche Hinweise zu geben, sollte man sich seiner Sache schon sehr sicher sein. Nichts ist schlimmer, als unberechtigterweise Kritik zu üben, nur um unbedingt fachkompetent zu wirken. Es tut der Autorität der Schulleiterperson überhaupt keinen Abbruch, sich hier auch offen zurückzuhalten. Es ist auch kein Problem, mit dem Kollegen zu einer fachlichen Frage in Diskussion zu treten und es sich erklären lassen. Sind dann trotzdem noch Fragen oder Probleme offengeblieben, kann man sich darüber auch noch einmal mit einem anderen Fachkollegen austauschen.

Fakt ist, ohne die nötige fachliche Sicherheit und Souveränität wird kein Lehrer komplexe Sachverhalte kompetent vermitteln noch Begeisterung für sein Fach wecken können. Erst wenn die fachwissenschaftliche Basis gewährleistet ist, legitimiert sich die Fachdidaktik als Kompetenz, das eigene Wissen inhalts-, situations-, und altersstufenadäquat vermitteln zu können.

Fachliche Sicherheit und Flexibilität der Lehrkraft

Die neuen Formen des Lernens verändert auch die Rolle des Lehrers. Fachkompetenz hat zwar ungebrochen einen sehr hohen Stellenwert, aber es geht nicht mehr nur vorrangig darum, Wissen zu vermitteln, sondern um die Gestaltung, Leitung und Unterstützung von Lernprozessen, damit von Schülern Wissen aufgebaut und selbstständig erarbeitet werden kann. Das erfordert Lehrkräfte, die sich auf unterschiedliche Lernwege und -zeiten einstellen,

Handlungskompetenz und Selbsttätigkeit der Schüler in den Vordergrund stellen und immer wieder ihr eigenes unterrichtliches Handeln hinterfragen. Lehrer treten somit in der konkreten Auseinandersetzung mit Lerninhalten in den Hintergrund und übernehmen dabei vor allem die Rolle von Lernhelfern und -beratern. Insgesamt nimmt aber die veränderte Rolle der Lehrkraft bei der Gestaltung eines wirksamen und nachhaltigen Lernprozesses immer mehr an Bedeutung zu.

Diese veränderte Rolle umfasst neben den fundierten Grundlagen und methodischen Fragestellungen eines Faches auch die Erkenntnis, dass universitäres Fachwissen und Fachkompetenz im Schulalltag zwei völlig unterschiedliche Ebenen sind. In der Schule geht es neben der Wahl von Lerninhalten auch um die Vermittlung fachspezifischer Methoden und Lernstrategien, die unter ganz spezifischen unterrichtlichen Situationen Lernprozesse in Gang setzen sollen und dabei die individuellen Voraussetzungen der Schüler berücksichtigen müssen. Kompetenz im Umgang mit dem eigenen Fach bedeutet nicht nur, den Schülern die Bedeutsamkeit „klarzumachen", sondern auch Probleme und Phänomene fachbezogen und fächerübergreifend zu erschließen und Zusammenhänge herstellen zu können.

Fachliche und didaktische Kompetenz heißt aber auch, unterschiedliche Denkweisen und Lösungswege der Schüler zu akzeptieren und zu fördern. Im Schulalltag verändert sich die Rolle des Lehrers als „reiner Wissensvermittler" zum Berater, der Lernprozesse in Gang setzt und unterstützt, Lernsituationen ermöglicht und didaktisch-methodisch aufbereitete Lernmaterialien zur Verfügung stellt.

Die Notwendigkeit pädagogischer und didaktischer Unterstützung wird deutlich, wenn es darum geht, Kompetenzen aufzubauen und zu entwickeln, die die Voraussetzung für selbstständiges Lernen darstellen:

- unterschiedliche Angebote im Zugang zu Wissen
- Methodenvielfalt als Unterrichtsprinzip
- systematische und differenzierte Rückmeldungen über Lernschritte und Lernergebnisse
- Zeit zum Nachdenken und Spielraum zum Entwickeln eigener Gedankengänge
- Einplanen von Zeiten und Orten für selbst gesteuertes Lernen
- Anerkennung unterschiedlicher Lerntempi und Lernwege

Fachliche Sicherheit oder auch Fachkompetenz beinhaltet aus unterrichtlicher Sicht immer zwei Seiten, die fachwissenschaftliche Kompetenz und die fachdidaktische Kompetenz.

Die **fachwissenschaftliche Kompetenz** bezeichnet Fertigkeiten, Eigenschaften oder Haltungen die es ermöglichen, auf der Basis eines differenzierten Verständnisses der relevanten Fachwissenschaften einen inhaltlich fundierten Unterricht zu gestalten. Außerdem bedeutet fachwissenschaftliche Kompetenz, dieses Wissen auf interdisziplinäre Weise zu verbinden, auf aktuelle Fragestellungen und Problembereiche anzuwenden und damit an die konkrete Lebensrealität der Schüler anzuknüpfen.

Die **fachdidaktische Kompetenz** bezieht sich auf die Bereiche, die zum lerngerechten Aufarbeiten von Fachwissen notwendig sind. Dazu gehören die Bereiche Fachdidaktische Theorie, Diagnostische Kompetenz und Vermittlungskompetenz. Der Bereich fachdidaktische Theorie zielt vor allem auf die Grundlagen und bereits existierenden Kompetenzmodelle ab. Die diagnostische Kompetenz betont die Fähigkeit, die Kompetenzen der Schüler zutreffend einzuschätzen, um darauf aufbauend den Unterricht gestalten zu können. Vermittlungskompetenz bedeutet, Schüler mithilfe eines breiten Repertoires unterschiedlicher methodischer Ansätze verschiedenste Inhalte begreifbar und erlebbar zu machen. Aus diesem Grund ist die Fachkompetenz nicht von der fachdidaktischen Kompetenz losgelöst zu betrachten, vielmehr bilden sie eine eng verknüpfte Einheit.

Die Fähigkeit, das Wissen in der für Schüler angemessenen und aufnehmbaren Form darbieten zu können, ruft die fachdidaktische Kompetenz mehr denn je in den Mittelpunkt. Fachdidaktische Kompetenz sollte nun die spezifischen Fachinhalte aus der Perspektive eines Schülers betrachten, dessen Voraussetzungen, Fähigkeiten und Interessen antizipieren und den Stoff entsprechend aufbereiten.

Das Berliner Max-Planck-Institut für Bildungsforschung hat sich in der „Coactiv-Studie" mit der Frage befasst, was einen „guten Mathematiklehrer" ausmacht. Die *Frankfurter Allgemeine Zeitung* hat 2006 Ergebnisse dieser Untersuchung aufgearbeitet:

Lehrer mit einem größeren fachlichen Wissen legen stärkeren Wert auf einen kognitiv aktivierenden Unterricht, sie fordern ihre Schüler mehr, lassen unterschiedliche Lösungswege von Aufgaben vergleichen und bewerten. Sie vermeiden ein eng geführtes Vorgehen, das den Schülern nur einen möglichen Lösungsweg weist. Fachlich weniger kompetente Lehrer indessen versuchen offensichtlich, ihre mangelnde Souveränität bei der Beherrschung des Stoffes durch umso einförmigeres Üben und Wiederholen zu kaschieren.

(FAZ, 28. Oktober 2006)

Hieraus wird deutlich, dass die fachwissenschaftliche Komponente nach wie vor eine große Bedeutung besitzt, auch wenn immer wieder Stimmen dieses in Frage stellen. Es ist von wesentlicher Bedeutung, dass Lehrer in ihren Unterrichtsfächern solide fachliche Grundlagen haben müssen und auch in der Verantwortung stehen, diese im Bedarfsfall aufzufrischen oder gar neu zu erwerben. Nur auf dieser Grundlage können die fachwissenschaftlichen, fachdidaktischen, methodischen und pädagogischen Kenntnisse ihre Wirkung im Sinne eines möglichst effektiven und schülerorientierten Unterrichts erzielen. Ohne Fachkompetenz wiederum können Lehrer aber auch keine Vermittlungskompetenz haben.

Als weitere essenzielle Fähigkeit eines Lehrers würde ich die fachliche **Flexibilität** nennen. Ich sehe hier, im Gegensatz zum Abschnitt „situative Flexibilität", einige wesentliche Unterschiede. Mit der fachlichen Flexibilität ist gemeint, inwieweit der Lehrer in der Lage ist, flexibel auf besondere fachliche Situationen zu reagieren. Die Betonung liegt dabei auf „fachliche" Situationen. Für den Lehrer geht es darum, individuelle Lerndefizite wie auch bestimmte Stärken der Schüler in seinem speziellen Fach zu erkennen und darauf soweit wie möglich einzugehen.

Einordnung des Unterrichtsgegenstandes in fachinhaltliche Zusammenhänge

Im Zusammenhang mit den zeitgemäßen Aufgabenstellungen habe ich bereits einige Ausführungen zu den Anforderungen gemacht. Aufgaben für Schüler sollten so gestaltet sein, dass das zu erwerbende neue Wissen mit bisherigem Handlungswissen verknüpft werden muss. Dadurch werden nach heutigem Erkenntnisstand bessere Lernergebnisse erzielt.

In diesem Kontext taucht auch immer wieder der Begriff „kumulatives Lernen" auf. Kumulatives Lernen bedeutet, dass neue Informationen, neues Wissen in bereits erworbene Wissensstrukturen des Schülers eingebettet werden. Gerade diese Art des Lernens sollte das Ziel des Unterrichts sein. Es soll demnach eine qualitative Veränderung der Wissensstruktur des Schülers angestrebt werden. Wird Wissen lediglich quantitativ, aber zusammenhanglos angehäuft, so findet ausschließlich additives Lernen statt. Es muss neues Wissen und neue Fähigkeiten mit vorhandenem Wissen und Fähigkeiten verbunden werden, um so die Ergebnisse vorhergehenden und aktuellen Lernens zu verknüpfen, sodass sie im Kontext verfügbar sind und nicht losgelöst voneinander betrachtet werden. Sicher musste schon jeder von uns die Erfahrung machen, dass man der festen Überzeugung war, „das haben meine Schüler bei mir gelernt, auf dieses Wissen kann ich in der heutigen Stunde zurückgreifen". Weit gefehlt, die Schüler schauen einen an, als ob sie noch nie etwas davon gehört haben. Mir ist das fast regelmäßig wiederkehrend z. B. bei der Auswertung von Klimadiagrammen im Geografieunterricht passiert. Selbst im Leistungskurs waren einige Schüler nicht in der Lage, ein Klimadiagramm sachgerecht auszuwerten. Wie ist dieses Phänomen zu erklären? Bin ich einfach nur ein schlechter Lehrer und konnte es bei der Einführung der Auswertung von Klimadiagrammen in Klasse 5 nicht gut genug erklären?

Die Antworten darauf sind relativ einfach, deren Umsetzung in der Praxis aber umso komplizierter. Die Relationen zwischen Lehren und Lernen sind viel komplexer als bisher angenommen. Neurowissenschaftler und Lernpsychologen sehen Lernen als einen aktiven und konstruktiven Prozess. Dabei spielen emotionale, motivationale und kognitive Faktoren eine Rolle. Neues Wissen wird in vorhandene, von Schüler zu Schüler unterschiedliche kognitive Strukturen mehr oder leider auch weniger gut integriert. Das heißt, dass wir als Lehrer nicht nur da sind, um den Schülern Wissen einzutrichtern, sondern wir haben auch die Verantwortung, Lernen für den Schüler als persönliche und sinnvolle Erfahrung erlebbar zu machen. Lernen muss systematisch, kumulativ, langfristig und explizit, also als bewusste Lernprozesse unter Anwendung von Lernstrategien, erfolgen. Die Neurowissenschaftlerin *Kathrin Hille* hat in einem Fortbildungsvortrag die Sache sehr anschaulich formuliert:

Lernen ist Spinnerei – das Weben von Netzen und Verknüpfungen.

Die besorgniserregenden Leistungen deutscher Schülerinnen und Schüler in internationalen Vergleichsstudien wie z. B. TIMSS werden u. a. darauf zurückgeführt, dass im naturwissenschaftlichen Unterricht zu wenig kumulativ gelernt wird. Wenn kumulativ gelernt wird, werden Inhalte und Prozesse aufeinander aufgebaut, systematisch vernetzt, immer wieder angewandt und aktiv gehalten. Vielfach wird jedoch kritisiert, dass Unterrichtsinhalte kaum vernetzt vermittelt werden und so ein längerfristiges Behalten der Lerninhalte stark beeinträchtigt wird.

Lernanstrengungen erweisen sich als effizient, wenn die Schüler ein Feedback darüber bekommen, wie sie in ihrer Kompetenzentwicklung vorankommen. Dadurch wird gleichzeitig ihre personale Kompetenz im Bereich Selbstvertrauen entwickelt. Ziel des Unterrichts ist es, wichtige strukturbildende Eckpunkte für die Schüler transparent zu machen, ohne die Schüler in einem dogmatischen Schema einzuengen. Es kann für Lehrer und Schüler zu einem echten Aha-Erlebnis werden, wenn sie plötzlich entdecken, dass die zu lösende Aufgabe und der zugehörige Lösungsweg in ihrem eigenen Konstrukt aus Wissen und Können wiedererkennen.

Sicherung von Anwendbarkeit und Erweiterbarkeit des Unterrichtsgegenstandes für Schüler

Verschiedenste Forschungen belegen, dass man lernen kann, Inhalte und Wissen sinnvoll miteinander zu verknüpfen und um zentrale Gesichtspunkte zu ordnen – und man kann lernen, dies dann so zu behalten, dass man es auch in Zukunft anwenden kann. Im Gegensatz dazu werden nicht zusammenhängende Informationen, die nur durch stures Auswendigpauken gelernt werden, schnell vergessen oder nur so behalten, dass sie kaum angewendet werden können.

Fähigkeiten können nur dann erworben und effektiv genutzt werden, wenn sie als Strategien an spezielle Ziele und Situationen angepasst sind. Demnach werden Schüler kaum in der Lage sein, Fähigkeiten abzurufen und anzuwenden, die sie nur schematisch gelernt und losgelöst von anderen Lerninhalten angewendet haben. Unterrichtliche Inhalte sind dann leichter zu lernen, wenn sie Zusammenhänge aufweisen oder Ergebnisse sinnvoll aufeinander bezogen und deren Verbindungen untereinander erkennbar sind. Gute Lehrer entwickeln Begeisterung oder schaffen Betroffenheit bei den Schülern, während sie etwas vortragen, erklären oder demonstrieren. Neue Informationen werden geschickt mit vorhandenem Wissen zum Thema immer wieder verknüpft und eine Anwendbarkeit wird verdeutlicht.

Natürlich ist klar, dass nicht in jeder Stunde die Anwendbarkeit und Erweiterbarkeit des Lerngegenstandes zu hundert Prozent umgesetzt werden kann. An der Stelle wird Lernen einfacher und logisch nachvollziehbarer, wenn den Schülern die Sinnhaftigkeit aufgezeigt werden kann und wie und warum sie auch zukünftig von diesem Wissen und Können profitieren können. Dabei ist es notwendig, mit solchen methodischen Schritten vorzugehen, die auf die Lernvoraussetzungen der Schüler abgestimmt sind und dass ihnen logisch zu folgen ist. Unterstützt sollte der Lernprozess von einer permanenten Lehrmotivation durch verbale und nonverbale Kommunikation.

In der Sicherungsphase sollte der Lehrer auf folgende Aspekte achten:

- Rückblick auf die Hauptaussagen
- Betonung allgemeingültiger Strukturen
- Überprüfung des Schülerwissens durch Fragen oder Aufgaben
- Schülerzusammenfassungen des Inhaltes mit eigenen Worten
- Anwendung und Erweiterung in neuen Zusammenhängen
- Lehrerhilfen, z. B. durch Skizzen und Grafiken, durch Hinweise auf Zusammenhänge und zentrale Aussagen
- Aufgabenstellungen, die den Schülern helfen, die entsprechende Schrittfolge einzuhalten und die eingesetzten Strategien im Blick zu behalten
- Beachtung der Prinzipien der curricularen Ausrichtung und der stimmigen und zusammenhängenden Gestaltung der Inhalte
- Schülern die Möglichkeit geben, selbst sinnvolles Wissen zu konstruieren, das sie auch in ihrem Leben außerhalb der Schule anwenden können

Deshalb müssen Lehrer:

- den Umfang der Inhalte reduzieren, um Zeit für eine tiefgründigere Bearbeitung der wichtigen Inhalte zu gewinnen.
- diese wichtigen Inhalte in einem strukturierten Zusammenhang präsentieren.
- Inhalte so analysieren, dass die wichtigen Ideen und Zusammenhänge erklärt werden.
- mit authentischen Lernaktivitäten und Prüfungen sicherstellen, dass die Schüler Möglichkeiten haben, ihr Lernen zu entwickeln

Webcode: SU163045-010

Beobachtungs- und Bewertungsaspekte zur fachlichen Qualität:

▪ Der Lehrer überzeugt durch fachliche Sicherheit und Flexibilität in seinem Unterricht.

▪ Der Bezug unterrichtlicher Inhalte zur Realität und Lebenswirklichkeit der Schüler ist deutlich spürbar.

▪ Die Potenzen inhaltlicher Zusammenhänge und vernetzter Strukturen werden offensiv genutzt.

▪ Die Beachtung der Anwendbarkeit vermittelten Wissens ist immanenter Bestandteil des Unterrichts.

Webcode: SU163045-010

2.8 Auf den Punkt gebracht

Die Aufstellung von Kriterien zur Einschätzung der Unterrichtsqualität in Beurteilungs- oder Beratungssituationen ist unumstritten eine unabdingbare Notwendigkeit für transparente und konstruktive Auswertungsgespräche.

Alle Beteiligten müssen einen begrifflichen Konsens zu den Kriterien und den zugehörigen möglichen Indikatoren erarbeitet bzw. gefunden haben, um diesbezüglich Verständnisprobleme zu vermeiden.

In der zu diesem Thema vorhandenen Fachliteratur herrscht relative Einigkeit darüber, dass eine Gewichtung der einzelnen Kriterien nicht möglich ist und es keinen Idealtypus zur höchsten Unterrichtsqualität gibt. Dafür spielen einfach zu viele verschiedene Einflussfaktoren zusammen.

Im Mittelpunkt sollte nicht vordergründig die Bewertung oder Beurteilung von Unterricht stehen. Vielmehr sollten die Lehrkräfte dahin gebracht werden, dass sie ihre Stärken und Schwächen erkennen und bereit sind, die Stärken zu stärken und die Schwächen abzubauen.

Protokoll

1. Pädagogischen Grundhaltung	Echtheit/Empathie/Akzeptanz/ Konsequenz
Das gesamte Auftreten und Verhalten des Lehrers ist situationsangemessen und wirkt echt und nicht aufgesetzt oder gekünstelt.	
Der Lehrer ist während der gesamten Unterrichtsstunde aufmerksam und kann aktiv zuhören.	
Auch unpopuläre Entscheidungen des Lehrers werden von den Schülern akzeptiert.	
Der Lehrer versteht es, angemessen mit Lob und Tadel umzugehen.	
Die Schüler reagieren auf die Anweisungen und Hinweise des Lehrers.	
Der Lehrer kann sich in die Schülerperspektive versetzen und zeigt Verständnis/Unverständnis für bestimmte Reaktionen und Verhaltensweisen.	
Lehrer ist schon bei der Planung bestimmter Unterrichtsprozesse antizipierend vorgegangen.	
Die Schüler wissen, was sie bei Regelverstößen zu erwarten haben.	
Der Lehrer setzt angedrohte Sanktionen konsequent um, Sanktionen sind situationsangemessen und gerecht.	

Webcode: SU163045-011

2. Lernklima	Klassenführung/Lernmotivation/ Lernkultur/Rückmeldekultur/ Fehlerkultur
Der Lehrer registriert sämtliche Schüleraktivitäten, ohne immer sofort zu reagieren oder zu intervenieren.	
Es gibt klare Regeln für den Unterricht/Lehrer und Schüler halten sich an diese Regeln.	
Das Reagieren auf Unterrichtsstörungen ist von Prävention, Aktion, Konsequenz und Intervention geprägt.	
Die Klassenführung ist effizient (Mimik und Gestik steht vor verbalen Äußerungen, kurze und prägnante Erklärungen/Gesten sorgen für Klarheit).	
Die Präsenz des Lehrers ist „allgegenwärtig" (L. bewegt sich zum Ort des Problems, verzichtet auf eine Ansage von vorn).	
Im Unterricht darf gelacht werden bzw. es wird gelacht.	
Der Lehrer motiviert zur Auseinandersetzung mit dem Lerngegenstand.	

Webcode: SU163045-011

2. Lernklima	Klassenführung/Lernmotivation/ Lernkultur/Rückmeldekultur/ Fehlerkultur
Die Schüler beteiligen sich rege am Unterrichtsgeschehen und arbeiten konzentriert und zielgerichtet.	
Die Verlässlichkeit der Aussagen des Lehrers bzw. der Schüler (Wichtigkeit von Lerngegenständen, Erbringung von Leistungen) ist eindeutig.	
Die gegenseitige Hilfe (L-S und S-S) ist nicht nur in kooperativen Lernformen gegenwärtig.	
Lehrer und Schüler können gegenseitig mit Kritik umgehen, es erfolgt keine Ausnutzung der Machtposition durch den Lehrer.	
Schülerbeiträge werden angemessen gewürdigt/bei Fehlern wird angemessen reagiert und es erfolgen keine Sanktionen gegen Schüler.	
Rückmeldungen machen Mut, sie beschönigen nichts, es wird aber eine deutliche Sprache gesprochen.	
Fehler werden als fester Bestandteil des Lernprozesses und als Lernchance gesehen sehen.	

Webcode: SU163045-011

3. Kommunikatives Verhalten	Sprache/Stimme/Mimik/Gestik/ Körpersprache/Raumverhalten
Der Lehrer nimmt durch die Sprache eine Gewichtung von Unterrichtsinhalten bzw. Unterrichtssituationen vor und nutzt sie geschickt als unterstützendes Instrument.	
Der Lehrer setzt seine Stimme zielgerichtet bei der Störungsprävention und -intervention ein.	
Der Lehrer nutzt die Erkenntnis, dass Kommunikation immer einen Inhalts- und einen Beziehungsaspekt hat.	
Der Lehrer spricht deutlich und passt seine Fragestellungen und Aussagen dem Alters- und Leistungsniveau der Schüler an.	
Der Lehrer setzt Mimik, Gestik und Körpersprache gezielt zur Unterstützung des unterrichtlichen Handelns ein.	
Das Raumverhalten des L. unterstützt sein kommunikatives Verhalten (geht auf Schüler zu, ändert seinen Standort zur Verbesserung der Kommunikation).	
Der Lehrer findet jederzeit eine optimale Position (Tafelarbeit, SV, LV, offene Lernformen, Einzelarbeit, Klassenarbeiten und Tests, …).	

Webcode: SU163045-011

4. Didaktische Fundierung	Transparenz des didaktischen Begründungszusammenhangs/ Sinnhaftigkeit der U-Phasen bzgl. des didaktischen Schwerpunkts/ Zielgerichtetheit
Schüler sind sich darüber im Klaren, warum sie an einem bestimmten Inhalt oder Problem arbeiten.	
Das unterrichtliche Wirkungsgefüge Ziel-Inhalt-Methode-Medien wird beachtet und kommt im Unterrichtsprozess deutlich zum Ausdruck.	
Schülern sind die Ziele der Stunde gegenwärtig und sie wissen, wo sie im Prozess der Zielerreichung stehen.	
Der didaktische Schwerpunkt wird vom Lehrer transparent herausgearbeitet und mit den Schülern in jeder Phase daran gearbeitet.	
Die Schüleraktivitäten lassen darauf schließen, dass sie die Ziele verstanden haben und warum diese Ziele für sie sinnvoll sind.	
Der Lehrer kann den Unterrichtsgegenstand durch die Verringerung der Stofffülle auf ein realisierbares Maß für die Schüler reduzieren.	
Die qualitative didaktische Reduktion beeinflusst den Verstehensprozess der Schüler positiv, ohne den Wahrheits- oder Gültigkeitsgehalt zu beeinträchtigen.	

Webcode: SU163045-011

5. Strukturierung des Unterrichts	Phasen/Phasenübergänge/ Transparenz der Struktur/Unterrichtsorganisation/Lernumgebung
Die Stunde folgte einer inneren Logik und es war durchgängig ein roter Faden erkennbar.	
Eine klare Phasengliederung der Stunde wurde offensichtlich.	
Phasenübergänge erfolgen didaktisch-methodisch sinnvoll und waren für die Schüler nachvollziehbar.	
Eine zeitlich-inhaltliche Gewichtung kommt innerhalb der Phasenstruktur deutlich zum Tragen.	
Die Lernumgebung ist übersichtlich, überschaubar und angemessen auf den Unterrichtsgegenstand abgestimmt.	
Die Logistik (Unterrichtsorganisation) unterstützt wirkungsvoll und in effizienter Weise die unterrichtlichen Prozesse.	

Webcode: SU163045-011

6. Initiierung von Lernprozessen	Methodische Qualität/ echte Lernzeit/Differenzierung/ Aufgabenstellungen/Aufträge/ Impulse/Flexibilität
Die Aufgabenstellungen des Lehrers entsprechen den Anforderungen an zeitgemäße Aufgabenstellungen (neue Aufgabenkultur).	
Der Anteil echter Lernzeit ist angemessen hoch (Breite und Tiefe).	
Die methodischen Entscheidungen sind auf die Lernvoraussetzungen der Schüler, die Inhalte und die Zielstellungen ausgerichtet.	
Das Verhältnis von Lehrer- und Schüleraktivitäten ist eindeutig auf Schülerseite zu verzeichnen.	
Die eingesetzten Differenzierungsmaßnahmen resultieren aus der kompetenten Analyse der Lernvoraussetzungen und berücksichtigen die Heterogenität der Schüler.	
Die Leistungserwartungen sind für die Schüler eindeutig, erfolgen kriterienbezogen und orientieren sich an sinnvollen Bezugsnormen (Standards, Gruppe, individuelle Leistungsentwicklung).	
Der Lehrer nutzt geschickt die verschiedenen Varianten an Unterrichtsgesprächstechniken in Abhängigkeit von Zielen, Methoden Inhalten und Medien.	
Der Lehrer reagiert flexibel auf die verschiedensten Unterrichtssituationen und trifft Entscheidungen, die einen positiven Einfluss auf den weiteren Unterrichtsverlauf haben.	

Webcode: SU163045-011

7. Fachliche Qualität	Fachliche Sicherheit/Einordnung in fachliche Zusammenhänge/ Anwendbarkeit und Erweiterbarkeit des Lerngegenstandes
Der Lehrer überzeugt durch fachliche Sicherheit und Flexibilität in seinem Unterricht.	
Der Bezug unterrichtlicher Inhalte zur Realität und Lebenswirklichkeit der Schüler ist deutlich spürbar.	
Die Potenzen inhaltlicher Zusammenhänge und vernetzter Strukturen werden offensiv genutzt.	
Die Beachtung der Anwendbarkeit vermittelten Wissens ist immanenter Bestandteil des Unterrichts.	
Die fachdidaktische Kompetenz kann der Lehrer bei inhaltlichen Verständnisproblemen der Schüler effizient nutzen.	

Webcode: SU163045-011

3 Arten von Hospitationen

Warum sind verschiedene Arten von Hospitationen für die Entwicklung der Unterrichtsqualität sinnvoll?

Welche Bedeutung haben die entsprechenden Ablaufalgorithmen für das Gelingen einer strukturierten Hospitation?

Welche Besonderheiten sind bei den jeweiligen Hospitationsarten zu beachten?

Wir brauchen uns nichts vorzumachen: Egal, in welcher Position man ist, eine Hospitation trägt immer einen besonderen Charakter – man wird beobachtet. Als ich noch als Fachseminarleiter für Geografie tätig war, habe ich immer auch meine Referendare zu mir in den Unterricht eingeladen. Selbst in der Rolle eines erfahrenen Lehrers und Fachseminarleiters, der wissen sollte, wie guter Unterricht aussieht, waren Hospitationen etwas Besonderes. Die Anspannung war größer, jeder Satz, jede Bemerkung wurde einmal mehr vorher überlegt und durchdacht. Besonders der Anspruch an sich selbst, guten Unterricht zu zeigen, bewirkt diese außergewöhnliche Situation. Man möchte schon, dass die geplanten Dinge dann auch funktionieren.

Gerade aber diese relative Ungewissheit macht das Unterrichten so spannend und abwechslungsreich. Eine Stunde lässt sich noch so gut planen, am Ende gibt es so viele Faktoren, die auch den besten Plan zumindest ins Wanken bringen kann. Genau diese Besonderheit der Hospitation sollten Sie sich immer vor Augen führen. Die Frage ist an dieser Stelle, wie kann es gelingen, ein Hospitationskonzept zu entwickeln, das zum einen die psychischen Besonderheiten einer Hospitation berücksichtigt und zum anderen als Instrument zur Professionalisierung des Lehrerhandelns und damit zur Weiterentwicklung der Unterrichtsqualität betragen kann.

Die Probleme, die im Schulalltag mit der Frage der „Hospitationen" in engem Zusammenhang stehen, sind vielschichtig. Hauptgründe für Hospitationen sind nach wie vor entweder dienstliche Beurteilungen oder Problemfälle, bei denen sich bestimmte Seiten über die Qualität des Unterrichts beschweren, dies sind dann meist Schüler oder vor allem Eltern. Das unterrichtliche Handeln des einzelnen Lehrers mit dem Ziel der Entwicklung und Förderung der

Unterrichtsqualität steht leider nicht im Mittelpunkt. Der Wust an Verwaltungsaufgaben macht es oft einfach fast unmöglich, sich dieser Thematik zielgerichtet und strukturiert als Schulleiter anzunehmen. Im Zusammenhang mit einer erfolgreichen Entwicklung und Förderung der Unterrichtsqualität gilt es ein Instrumentarium an den Schulen zu etablieren, welches dann auch vom gesamten Lehrerkollegium getragen wird. Dies stellt auf jeden Fall eine Herausforderung für die Schulleitung dar.

Junge Lehrer, die gerade erst aus dem Referendariat kommen, kennen das Prozedere einer Hospitation. Sie haben sich während der Ausbildung daran gewöhnt, beobachtet zu werden. Schwieriger wird es dann mit erfahreneren Kollegen. Ich habe es oft genug an meiner Schule erlebt, wie sich wirklich gestandene Lehrer davor zieren, einem Praktikanten oder Referendar die Zusage zu geben, ihren Unterricht hospitieren zu dürfen. Ich konnte mich in diesen Situationen des Gefühls nicht erwehren, dass diese Lehrer in ihrem Unterricht etwas zu verbergen hatten. Die große Herausforderung der Schulleitung sehe ich in der Problematik, das Kollegium von der Wichtigkeit und Bedeutung von Hospitationen im Konsens zur Qualitätsentwicklung von Unterricht zu überzeugen. Genau an dieser Stelle setzen die verschiedenen Hospitationskonzepte an. Es geht darum, Hospitationen nicht nur als leidiges Übel dienstlicher Beurteilung zu sehen, sondern ein echtes Interesse an der Verbesserung des eigenen unterrichtlichen Handels zu haben.

3.1 Beurteilungshospitation

Die Beurteilungshospitation ist von einer eindeutigen Hierarchie geprägt und damit durch völlige Rollenklarheit definiert. Der Schulleiter beurteilt die Lehrkraft nach den vorgegebenen Kriterien (Beurteilungsvorschriften oder -richtlinien der jeweiligen Bundesländer). Beurteilen heißt, Beobachtetes unter bestimmten Gesichtspunkten zu bewerten. Eine Beurteilung trägt immer subjektiven Charakter, da sie häufig nur von einer Person oder einem kleinen Personenkreis vorgenommen wird.

Auch wenn einheitliche Kriterien erarbeitet wurden, so kann zwar dadurch die Subjektivität gemindert, aber nicht aufgehoben werden. Eine Beurteilung hängt also von einer persönlichen Sichtweise ab. Dies sollte und muss jedem der Beteiligten klar sein. Wenn sich beide Seiten darüber im Klaren sind, kann auch eine Beurteilungshospitation durchaus für beide Seiten positive Effekte hervorbringen.

Schematischer Grundablauf – Beurteilungshospitation

1. Vorgespräch
   a. Anliegen und Zielstellung
   b. Art und Umfang
   c. Zeitpunkt
   d. Festlegung des zeitlichen Rahmens
   e. Kriterien
   f. Vereinbarung von Planungsmaterialien
2. Vorbereitung
   a. Kriterienkatalog
   b. Erarbeitung der vereinbarten Planungsunterlagen
3. Hospitation
   a. Durchführung
   b. Beobachtung
   c. Protokollierung
4. Pause (10 bis max. 30 Minuten)
   a. Vorbereitung des Gesprächs durch den SL mit Formulierung der thesenartigen Darstellung des Beurteilungsstandpunktes und Zuordnung der exemplarischen Beobachtungen
   b. Vorbereitung der Reflexion durch die Lehrkraft
   c. Klärung von eventuell notwendigen Informationsfragen (z. B. unvorhergesehene Besonderheiten)
5. Auswertungsgespräch
   a. Eröffnung und Hinführung durch den SL
   b. strukturierte und zielgerichtete Reflexion durch die Lehrkraft auf Grundlage des Kriterienkatalogs
   c. thesenartige Darstellung der Beurteilungsstandpunkte durch den SL mit entsprechenden Beobachtungsbeispielen zu den einzelnen Kriterien

Webcode: SU163045-012

Webcode: SU163045-012

d. Stellungnahme und Darstellung der Sichtweise der Lehrkraft zu dem jeweiligen Kriterium

e. Erläuterungen und Begründungen zu den jeweiligen Standpunkten in einem diskussionsartigen Gespräch

f. Zusammenfassung der wesentlichen Ergebnisse und Standpunkte des Auswertungsgesprächs

6. Abschluss

a. Abschlussbemerkungen des SL und kurzer Ausblick auf die weitere Arbeit

b. Festschreibung möglicher Vereinbarungen für einen bestimmten Zeitraum

Bemerkung: Schritte 5.b. bis 5.e. wiederholen sich zu jedem Kriterium.

3.2 Entwicklungshospitation

Die Entwicklungshospitation sehe ich als echtes Instrument der Entwicklung der Unterrichtsqualität an. Basis dafür muss aber das genaue Anliegen dieses Konzepts sein. Dieses Konzept zielt darauf ab, einzelne, Schwerpunkte aus dem Kriterienkatalog herauszugreifen und zielgerichtet in den Mittelpunkt von mehreren Hospitationen über einen bestimmten Zeitraum zu stellen. Voraussetzung dafür ist die uneingeschränkte Bereitschaft der Lehrkraft, sich im Sinne unterrichtlichen Handelns beobachten zu lassen und gemeinsam mit dem Schulleiter an bestimmten Entwicklungsschwerpunkten zu arbeiten.

Für den Schulleiter bedeutet dies, gemeinsam mit der Lehrkraft Entwicklungsschwerpunkte zu vereinbaren und zielgerichtet daran zu arbeiten. Bei uns ist dies ein bewährtes Instrumentarium für Ausbildungslehrer (Mentoren), die unsere Referendare an den Schulen betreuen. Der große Vorteil dieses Konzepts ist das Fokussieren der Entwicklung unterrichtlichen Handelns auf vordringliche Schwerpunkte. Für den Referendar wird dadurch eine gewisse Überschaubarkeit möglich, sich auf bestimmte Schwerpunkte zu konzentrieren, ohne dabei die anderen Kriterien völlig außer Acht zu lassen.

Schematischer Grundablauf – Entwicklungshospitation

1. Vorgespräch
   a. Anliegen und Zielstellung
   b. Art und Umfang
   c. Zeitpunkt
   d. Festlegung des zeitlichen Rahmens
   e. Kriterien
   f. Vereinbarung von Planungsmaterialien
2. Vorbereitung
   a. Erarbeitung von Schwerpunkten auf Grundlage der Kriterien
   b. Erarbeitung der vereinbarten Planungsunterlagen
3. Hospitation
   a. Durchführung
   b. Beobachtung
   c. Protokollierung
4. Pause (10 bis max. 30 Minuten)
   a. Vorbereitung des Gesprächs durch den SL mit Formulierung der thesenartigen Darstellung des Beurteilungsstandpunktes und Zuordnung der exemplarischen Beobachtungen zu den vereinbarten Schwerpunkten
   b. Vorbereitung der Reflexion durch die Lehrkraft zu den Schwerpunkten
   c. Klärung von eventuell notwendigen Informationsfragen (z. B. unvorhergesehene Besonderheiten)
5. Auswertungsgespräch
   a. Eröffnung und Hinführung durch den SL
   b. strukturierte und zielgerichtete Reflexion durch die Lehrkraft auf Grundlage der festgelegten Schwerpunkte
   c. thesenartige Darstellung der Beurteilungsstandpunkte durch den SL mit entsprechenden Beobachtungsbeispielen zu den einzelnen Kriterien
   d. Stellungnahme und Darstellung der Sichtweise der Lehrkraft zu dem jeweiligen Kriterium

Webcode: SU163045-013

e. Erläuterungen und Begründungen zu den jeweiligen Standpunkten in einem diskussionsartigen Gespräch

f. Zusammenfassung der wesentlichen Ergebnisse und Standpunkte des Auswertungsgesprächs

6. Abschluss

a. Abschlussbemerkungen des SL und kurzer Ausblick auf die weitere Arbeit

b. Festschreibung möglicher Vereinbarungen für einen bestimmten Zeitraum

Bemerkung: Schritte 5.b. bis 5.e. wiederholen sich zu den Entwicklungsschwerpunkten.

Webcode: SU163045-013

3.3 Beratungshospitation

Eine echte Beratungshospitation ist aus meiner Sicht nur unter hierarchisch gleichgestellten Kollegen möglich. Als Schulleiter hat man kaum die Chance, eine Beratungssituation herzustellen, da es fast unmöglich ist, das Dienstverhältnis außen vor zulassen. Ich sage extra fast unmöglich, da ich in meiner Laufbahn auch Schulleiter kennengelernt habe, den ich es zutrauen würde, mit Kollegen eine Beratungshospitation auch als „Beratung" durchzuführen. Ich bin der festen Überzeugung, dass es nicht möglich ist, bewertungsfreie Räume für Hospitationen zu schaffen. Sobald ein Beobachter da ist, wird auch immer bewertet.

In einer Beratungshospitation müssen mindestens zwei Hauptaspekte Beachtung finden. Zum einen muss eine Person (Lehrkraft) da sein, die ein Beratungsbedürfnis hat und beraten werden möchte. Zum anderen muss ein Berater da sein, der auch in der Lage ist, eine Beratung durchzuführen. Hier muss sich der Berater der besonderen Verantwortung dieser Aufgabe bewusst werden.

Wir brauchen uns hier nichts vorzumachen, eine Beratungshospitation wird dann stattfinden, wenn der Ratsuchende ein Problem in seinem Unterricht sieht oder Außenstehende (Eltern, Schüler …) ein Problem an ihn herangetragen haben. Genau hier würde ich auch den klaren Unterschied zur kollegialen Hospitation abgrenzen, wo aus meiner Sicht der kollegiale Erfahrungsaustausch auch im Sinne der gegenseitigen Fortbildung im Zentrum des Gesamtanliegens steht. Außerdem bedarf es eines besonderen Vertrauensverhältnisses zwischen diesen beiden Personen. Es sollte ganz genau im Vorgespräch abgeklärt werden, welche Aspekte konstruktiv nach außen gebracht werden dürfen und welche Aspekte in diesem geschützten Beratungsraum verbleiben müssen.

Schematischer Grundablauf – Beratungshospitation

1. Vorgespräch
   a. Anliegen und Zielstellung
   b. Art und Umfang
   c. Zeitpunkt
   d. Festlegung des zeitlichen Rahmens
   e. Kriterien
   f. Vereinbarung von Planungsmaterialien
2. Vorbereitung
   a. Erarbeitung von Beratungsschwerpunkten auf Grundlage der Kriterien
   b. Erarbeitung der vereinbarten Planungsunterlagen
3. Hospitation
   a. Durchführung
   b. Beobachtung
   c. Protokollierung
4. Pause (10 bis max. 30 Minuten)
   a. Vorbereitung des Gesprächs durch den Berater mit Formulierung der thesenartigen Darstellung des Standpunktes und Zuordnung der exemplarischen Beobachtungen zu den vereinbarten Beratungsschwerpunkten
   b. Vorbereitung der Reflexion durch die Lehrkraft zu den Beratungsschwerpunkten
   c. Klärung von eventuell notwendigen Informationsfragen (z. B. unvorhergesehene Besonderheiten)

Webcode: SU163045-014

5. Auswertungsgespräch
   a. Eröffnung und Hinführung durch den Berater
   b. strukturierte und zielgerichtete Reflexion oder auch nur psychische Entlastung durch die Lehrkraft auf Grundlage der festgelegten Schwerpunkte
   c. thesenartige Darstellung der Standpunkte durch den Berater mit entsprechenden Beobachtungsbeispielen zu den Beratungsschwerpunkten
   d. Stellungnahme und Darstellung der Sichtweise der Lehrkraft zu dem jeweiligen Kriterium
   e. Erläuterungen und Begründungen zu den jeweiligen Standpunkten in einem diskussionsartigen Gespräch
   f. Zusammenfassung der wesentlichen Ergebnisse und Standpunkte des Auswertungsgesprächs
6. Abschluss
   a. Abschlussbemerkungen des Beraters und kurzer Ausblick auf die weitere Arbeit
   b. Festschreibung möglicher Vereinbarungen für einen bestimmten Zeitraum

Bemerkung: Schritte 5.b. bis 5.e. wiederholen sich zu jedem Kriterium.

Webcode: SU163045-014

3.4 Kollegiale Hospitation

Die kollegiale Hospitation ist meines Erachtens ein wirkungsvolles Instrument um die Unterrichtsqualität zu verändern und kann im Idealfall zum erfolgreichen Aufbau einer nachhaltigen teambasierten Entwicklung und Qualifizierung professionellen Lehrerhandelns führen. Durch die Reduzierung vorhandener Befindlichkeiten bei den Lehrkräften und dem Aufzeigen von Entwicklungschancen für beide Seiten wird die Praxis der ‚Offenen Tür' und der gegenseitigen Hospitation angeregt. Die Rückmeldungen durch Kollegen können in realistische und umsetzbare Anregungen für den Unterricht münden.

Die Hospitation von *„critical friends"* sollte nichts mit Kontrolle oder Bloßstellung zu tun haben, sondern beruht auf konstruktivem Austausch und Diskussion. Der Unterricht wird durch kritische, wertschätzende Kollegen beobachtet und reflektiert. Damit wird die Entwicklung analytischer und reflexiver Fähigkeiten gefördert. Die persönliche, professionelle Entwicklung der Lehrperson und damit auch der gesamten Unterrichtsqualität in diesem Team steht im Vordergrund.

Der eigentlichen Hospitation sollte immer eine strukturierte Nachbesprechung folgen, bei der besonders Gesprächstechniken wie z. B. aktives Zuhören und Feedback genutzt werden. Die kollegiale Hospitation bietet Lernmöglichkeiten für alle Beteiligten und somit eine Möglichkeit, vorhandenes didaktisches Wissen im Kontext anzuwenden, zu reflektieren und neue Impulse und Anregungen durch Austausch und Akzeptanz zu erhalten. Es ist erforderlich, dass die Schulleitung die organisatorische Absicherung ermöglicht.

Hinweis

Ich kann mich noch gut an meine eigene Zeit als Referendar erinnern. Im Fach Sport waren wir zum Fachseminar immer an der Schule unseres Fachseminarleiters und hatten dort eine Referenzklasse. Reihum war jeder von uns dran, eine Unterrichtsstunde zu zeigen. Da auch immer eine Bewertung durch den Fachseminarleiter für die jeweilige Stunde erfolgte, wurde in den ersten Auswertungsgesprächen nicht wirklich konstruktiv diskutiert. Keiner wollte dem Referendar, der gerade die Unterrichtsstunde gehalten hatte, kritische Hinweise geben. Nach dem Motto „Eine Krähe hackt der anderen kein Auge aus!" wurde nur gelobt und taktiert. Erst als wir festlegten, dass der Fachseminarleiter doch seine Note vor der Diskussion festschreibt und nur in positive Richtung verändern darf, wurde es zu einem konstruktiven Auswertungsgespräch, von dem alle Beteiligten profitieren konnten.

Gute Erfahrungen mit dieser kollegialen Hospitationsform habe ich aus meiner eigenen Unterrichtspraxis. In unserem Fachbereich Sport brachten es die organisatorischen Rahmenbedingungen mit sich, dass häufig drei Kollegen mit zwei Klassen gemeinsam unterrichten mussten. Je nach Inhalt haben wir am Anfang uns die Stunden nach spezifischer Fachkompetenz aufgeteilt. Der „Spezialist" hat geplant und war der Hauptakteur und hat die beiden anderen Kollegen einbezogen. So war mein ehemaliger Kollege ein langjähriger Badminton-Trainer meine Kollegin kam aus dem Bereich Gymnastik/Tanz und ich selbst bin ein erfahrener Basketballtrainer. So konnte jeder Einzelne seine hohe Fachkompetenz einbringen und die beiden anderen Kollegen gleichzeitig fortbilden.

Die anschließenden Nachbesprechungen konnten dazu beitragen, dass die positiven Resultate verstärkt und die veränderungswürdigen Dinge diskutiert und festgehalten wurden. Nach und nach sind wir dazu übergegangen, sämtliche Stunden gemeinsam zu planen durchzuführen und anschließend zu evaluieren. Wenn man es dann noch schafft, andere Kollegen (auch von außen) ins Boot zu holen, gibt es aus meiner Sicht kaum eine bessere Variante der gemeinsamen Entwicklung und Förderung der Unterrichtsqualität.

Schematischer Grundablauf – Kollegiale Hospitation

1. Vorgespräch
   a. Anliegen und Zielstellung
   b. Art und Umfang
   c. Zeitpunkt
   d. Festlegung des zeitlichen Rahmens
   e. Kriterien
   f. Vereinbarung von Planungsmaterialien
2. Vorbereitung
   a. Erarbeitung von Beratungsschwerpunkten auf Grundlage der Kriterien
   b. Erarbeitung der vereinbarten Planungsunterlagen
3. Hospitation
   a. Durchführung
   b. Beobachtung
   c. Protokollierung
4. Pause (10 bis max. 30 Minuten)
   a. Vorbereitung des Gesprächs durch den Kollegen mit Formulierung der thesenartigen Darstellung des Standpunktes und Zuordnung der exemplarischen Beobachtungen zu den vereinbarten Beratungsschwerpunkten
   b. Vorbereitung der Reflexion durch die Lehrkraft zu den Beratungsschwerpunkten

Webcode: SU163045-015

c. Klärung von eventuell notwendigen Informationsfragen (z. B. unvorhergesehene Besonderheiten)

5. Auswertungsgespräch
   a. Eröffnung und Hinführung durch den Kollegen
   b. strukturierte und zielgerichtete Reflexion oder auch nur psychische Entlastung durch die Lehrkraft auf Grundlage der festgelegten Schwerpunkte
   c. thesenartige Darstellung der Standpunkte durch den Kollegen mit entsprechenden Beobachtungsbeispielen zu den Beratungsschwerpunkten
   d. Stellungnahme und Darstellung der Sichtweise der Lehrkraft zu dem jeweiligen Kriterium
   e. Erläuterungen und Begründungen zu den jeweiligen Standpunkten in einem diskussionsartigen Gespräch
   f. Zusammenfassung der wesentlichen Ergebnisse und Standpunkte des Auswertungsgesprächs

6. Abschluss
   a. Abschlussbemerkungen des Kollegen und kurzer Ausblick auf die weitere Arbeit
   b. Festschreibung möglicher Vereinbarungen für einen bestimmten Zeitraum

Bemerkung: Schritte 5.b. bis 5.e. wiederholen sich zu jedem Kriterium.

Webcode: SU163045-015

3.5 Hospitationen in Problemfällen

Hospitationen in Problemfällen gehören wohl zu den wirklich unangenehmen Bereichen im Hospitationsalltag. In diesen Fällen ist es schon von vornherein klar, dass es um eine negativ besetzte Grundvoraussetzung für die Hospitation geht. Häufigster Anlass hierbei sind Beschwerden der Eltern, der Schüler oder auch schlechte Resultate der Klassen in Vergleichsarbeiten, Klassenarbeiten oder Klausuren. Welche Ursachen auch immer es ein mögen, es besteht auf jeden Fall Handlungsbedarf durch den Schulleiter.

Tipp

- Bereiten Sie ein dafür vorgesehenes Vorbereitungsgespräch noch sorgfältiger vor, als es für die anderen Hospitationskonzepte notwendig ist.
- Versuchen Sie im Vorfeld eine größtmögliche Ursachenforschung zu betreiben und möglichst viele verschiedene Meinungen aus allen Bereichen zu hören.
- Zeigen Sie dem betroffenen Kollegen, dass Sie trotz aller Probleme hinter ihm stehen, wenn die Bereitschaft von beiden Seiten da ist, an dem Problem zu arbeiten.

Schematischer Grundablauf – Hospitation in Problemfällen

1. Vorgespräch
   a. Anliegen und Zielstellung
   b. Art und Umfang
   c. Zeitpunkt
   d. Festlegung des zeitlichen Rahmens
   e. Kriterien
   f. Vereinbarung von Planungsmaterialien
2. Vorbereitung
   a. Erarbeitung von Problemschwerpunkten auf Grundlage der Kriterien
   b. Erarbeitung der vereinbarten Planungsunterlagen

Webcode: SU163045-016

3. Hospitation
   a. Durchführung
   b. Beobachtung
   c. Protokollierung
4. Pause (10 bis max. 30 Minuten)
   a. Vorbereitung des Gesprächs durch den Schulleiter mit Formulierung der thesenartigen Darstellung des Standpunktes und Zuordnung der exemplarischen Beobachtungen zu den vereinbarten Problemschwerpunkten
   b. Vorbereitung der Reflexion durch die Lehrkraft zu den Problemschwerpunkten
   c. Klärung von eventuell notwendigen Informationsfragen (z. B. unvorhergesehene Besonderheiten)
5. Auswertungsgespräch
   a. Eröffnung und Hinführung durch den Schulleiter
   b. strukturierte und zielgerichtete Reflexion oder auch nur psychische Entlastung durch die Lehrkraft auf Grundlage der festgelegten Problemschwerpunkte
   c. thesenartige Darstellung der Standpunkte durch den Schulleiter mit entsprechenden Beobachtungsbeispielen zu den Problemschwerpunkten
   d. Stellungnahme und Darstellung der Sichtweise der Lehrkraft zu dem jeweiligen Kriterium
   e. Erläuterungen und Begründungen zu den jeweiligen Standpunkten in einem diskussionsartigen Gespräch
   f. Zusammenfassung der wesentlichen Ergebnisse und Standpunkte des Auswertungsgesprächs
6. Abschluss
   a. Abschlussbemerkungen des Schulleiters und Ausblick auf die weitere Arbeit an den Problemschwerpunkten
   b. Festschreibung möglicher Vereinbarungen für einen bestimmten Zeitraum

Bemerkung: Schritte 5.b. bis 5.e. wiederholen sich zu jedem Kriterium.

Webcode: SU163045-016

3.6 Auf den Punkt gebracht

Verschiedene Hospitationsarten sind sinnvoll, da sie verschiedenen Intensionen folgen.

Entsprechend der jeweiligen spezifischen Hospitationsart müssen verschiedene Aspekte Beachtung finden, da allen Beteiligten damit mehr Transparenz zu Teil wird über: Ziele – Ablauf – Ergebnisse – Weiterarbeit

Durch eine exakte Rollenklarheit bei den verschiedenen Hospitationsarten sind auch damit schon die Besonderheiten vorstrukturiert.

Beratungs- und kollegiale Hospitationen erfolgen eher auf Augenhöhe.

Beurteilungs-, Entwicklungshospitationen und Hospitationen bei Problemfällen sind eindeutig hierarchisch determiniert.

4 Auswertungsgespräch

Warum ist die Vorbereitung auf ein erfolgreiches Auswertungsgespräch von so immenser Bedeutung?

Welche Strategien können in einem Auswertungsgespräch sinnvoll angewendet werden?

Welche Bedeutung hat die Reflexionskompetenz des Lehrers für die erfolgreiche Entwicklung von Unterrichtsqualität?

Das Auswertungsgespräch ist die sensibelste Phase des gesamten Hospitationskonzeptes. Hauptproblem des Auswertungsgesprächs ist der eher defizitorientierte Grundtenor bei diesen Auswertungen. In der alltäglichen Hospitationspraxis beanspruchen die hospitierenden Lehrkräfte einen überdimensional größeren Redeanteil und nutzen zudem oft eine eher belehrende Form der Rückmeldung. Dies ist kontraproduktiv und führt in der Regel nicht zu konstruktiven Auswertungsgesprächen.

Genauso ineffizient sind aber auch Gespräche, in denen kritiklos alles Beobachtete schön geredet wird und am Ende keine echte Entwicklungsperspektiven aufgezeigt werden können. Auch sollte man es als Hospitierender vermeiden, die Rückmeldungen im Stile „Ich hätte es an dieser Stelle anders gemacht" oder „Hier hätten Sie unbedingt noch dieses und jenes machen müssen" zu geben.

Man kann Unterrichtsstunden immer unter verschiedenen Aspekten planen und halten. Man sollte aber seinem Gegenüber so viel Vertrauen entgegenbringen, dass er die gezeigte Unterrichtsstunde nach bestem Wissen und Können geplant und durchgeführt hat. Unverzichtbar in einem konstruktiven und für beide Seiten gewinnbringenden Auswertungsgespräch sind folgende Feedbackregeln.

Webcode: SU163045-017

Feedbackregeln

Wertschätzung

- Achtung und Respekt gegenüber der Lehrkraft

Empathie

- Sie sind der Lage, die Befindlichkeit und Intentionalität der Lehrkraft in den unterrichtlichen Interaktionen und Kommunikationssituationen des gezeigten Unterrichts wahrzunehmen und zu erfassen.
- Sie können hieraus Erkenntnisse ableiten und das eigene Verhalten darauf abstimmen.
- Das Gesprächsklima ist von Offenheit und gegenseitigem Vertrauen geprägt.
- Sie müssen sich der Lehrkraft zuwenden wollen und können.
- Sie müssen sich in die Gedanken und Gefühle der Lehrkraft in verschieden spezifischen Situationen hineinversetzen können, um diese deuten und verstehen zu können.

Authentizität

- Offen und transparent legen Sie Ihre Positionen dar.
- Verzichten Sie dabei auf prosaische Ausdrucksformen und unverständliche bzw. ungebräuchliche Fremdwortkanonaden.

4.1 Vorbereitung

Im Hinblick auf die Vorbereitung eines Auswertungsgespräches sehe ich zwei wesentliche Aspekte, der Sie Beachtung schenken sollten. Zum Ersten müssen Sie sich über Ihre unterschiedliche Rolle entsprechend der Hospitationsart klar sein. In der Beurteilungshospitation sind Sie eindeutig in der Rolle des Beurteilenden und nehmen die Verpflichtung dienstlicher Beurteilungen als Schulleiter wahr. In der Rolle als Berater in einer Beratungshospitation werden Sie um Beratung gebeten und sollten sich in einer völlig anderen Position sehen. Sie sind Berater und kein Beurteiler. Im Rahmen einer Entwicklungshospitation sind Sie Beurteiler, aber Sie haben sich gemeinsam mit der Lehrkraft auf bestimmte Entwicklungsschwerpunkte geeinigt.

Auch wenn die Möglichkeit besteht, einen zusätzlichen Entwicklungsschwerpunkt aus der Stunde heraus aufzugreifen, so bleiben die Entwicklungsschwerpunkte im Mittelpunkt des Gesprächs. Bei einer kollegialen Hospitation sind Sie nur involviert, wenn Sie selbst zum Kreis der Kollegen gehören, die eine solche Hospitationsart nutzen wollen. Andernfalls sind Sie „nur" für die Initiierung und organisatorische Absicherung dieser Hospitationsart verantwortlich. Bei der Hospitation in Problemfällen kommt Ihnen die unangenehme Rolle des Problemlösers zu. Relativ einfach ist es noch, wenn Sie selbst das Problem mit der Lehrkraft haben.

Deutlich schwieriger wird Ihre Rolle, wenn die Probleme von anderen (Eltern, Schüler oder Kollegen) an Sie herangetragen werden. Hier müssen Sie neben der Rolle des Beurteilers auch noch in die Rolle eines Vermittlers schlüpfen.

Zum Zweiten müssen Sie sich mit der organisatorischen Seite der Hospitation befassen. Neben terminlichen Abstimmungen geht es auch um die Verdeutlichung der Struktur des Ablaufes und die Festlegung der Kriterien mit den möglichen Indikatoren. Sie müssen die Raumfrage für das Auswertungsgespräch klären, neben einer ungestörten Umgebung trägt auch eine vorbereitete Gesprächsumgebung zu einer positiven Gesprächsatmosphäre bei.

Hinweis

Stellen Sie Getränke (Kaffee, Tee oder Wasser) und auch etwas Gebäck oder Obst bereit, es schafft eine gewisse Gemütlichkeit und kann zum Wohlfühlen aller Beteiligten beitragen.

Achten Sie auch auf eine förderliche Sitzordnung, die sich nach der beteiligten Personenzahl richtet.

4.2 Strategien der Gesprächsführung

Im Auswertungsgespräch sitzt Ihnen immer eine bestimmte Persönlichkeit gegenüber, sodass es nicht möglich ist, auf alle ganz speziellen und individuellen Eigenarten eingehen zu können. Daher ist es so wichtig, das Gespräch relativ einheitlich zu strukturieren, um auch stets Eckpunkte für das eigene Handeln zu haben. Auf der anderen Seite muss diese einheitliche Struktur aber auch genügend Spielraum lassen, auf die individuellen Besonderheiten eingehen zu können.

Gesprächsführung

Gesprächseröffnung

Hinweise	Beispiele
Eröffnen Sie das Auswertungsgespräch und legen Sie die geplante Struktur des Ablaufs dar.	Wir haben uns für diese Unterrichtsstunde auf eine Entwicklungshospitation geeinigt. Ich schlage vor, dass wir so verfahren, dass Sie zunächst über den ersten Entwicklungsschwerpunkt reflektieren, ich dann meine Rückmeldung gebe und wir anschließend gemeinsam darüber in Diskussion treten. Ähnlich würde ich gern auch mit dem zweiten Entwicklungsschwerpunkt verfahren.
	Ich freue mich, dass Sie mich heute zu dieser Beratungshospitation eingeladen haben. Ich schlage vor, dass wir so verfahren, dass Sie zunächst über den ersten Beratungsschwerpunkt reflektieren, ich dann meine Rückmeldung gebe und wir anschließend gemeinsam darüber in Diskussion treten. Ähnlich würde ich gern auch mit dem zweiten und dritten Beratungsschwerpunkt verfahren.
	Wir haben uns hier zu einer Hospitation zusammengefunden, um die von den Eltern (oder Klasse) aufgeworfene Problematik näher zu beleuchten. Ich versichere Ihnen, dass ich als Schulleiter natürlich für alle schulischen Probleme verantwortlich bin, aber hier als neutraler Beobachter und Vermittler gesehen werden möchte. Ich schlage vor, dass wir so verfahren, dass Sie zunächst über den ersten Problemschwerpunkt reflektieren, ich dann meine Rückmeldung gebe und wir anschließend gemeinsam darüber in Diskussion treten. Ähnlich würde ich gern auch mit dem zweiten Problemschwerpunkt verfahren.

Webcode: SU163045-018

Hinweise	Beispiele
	Aufgrund der anstehenden dienstlichen Beurteilung haben wir für heute eine Beurteilungshospitation terminiert. Ich schlage vor, dass wir so verfahren, dass Sie zunächst über den ersten Beurteilungsschwerpunkt reflektieren, ich dann meine Rückmeldung gebe und wir anschließend gemeinsam darüber in Diskussion treten. Ähnlich würde ich gern auch mit den anderen Beurteilungsschwerpunkten verfahren.
Geben Sie der Lehrkraft die Möglichkeit, besondere Umstände zu klären.	Gibt es aus Ihrer Sicht bestimmte Ereignisse aus dem Zeitraum vor oder auch während der Unterrichtsstunden, die für den Ablauf eine besondere Relevanz besessen haben? Vielleicht ist es wichtig, erst diese Dinge zu klären, bevor wir dann mit dem Auswertungsgespräch beginnen. Ich merke Ihnen an, dass Sie vor dem eigentlichen Auswertungsgespräch noch unbedingt etwas äußern möchten. Sie haben auf dem Weg in den Beratungsraum von Vorfällen während der Hofpause gesprochen. Hatten diese Vorfälle einen Einfluss auf die gesehene Unterrichtsstunde?

Gesprächsführung

Rückmeldungen

Hinweise	Beispiele	Beobachtungen
Formulieren Sie Ihren Standpunkt thesenartig und belegen Sie diese mit Beobachtungsbeispielen	Das gute Lehrer-Schülerverhältnis äußerte sich in einer empathischen und authentischen Lernatmosphäre.	Die Schüler wirkten sehr entspannt und trotzdem konzentriert in dieser Stunde. Verbale Äußerungen sowie Mimik und Gestik der Schüler bestätigten diese Beobachtung.
	Die klare Strukturierung der Stunde gepaart mit den methodischen Entscheidungen sicherten einen hohen Anteil echter Lernzeit bei den Schülern.	In der Erarbeitungsphase haben die Schüler ca. 25 Minuten an der Problemlösung intensiv gearbeitet. Ich konnte beobachten, dass die Mehrzahl zielgerichtet über Lösungsstrategien diskutiert hat.

Hinweise	Beispiele	Beobachtungen
	Eine Zielorientierung und Motivation der Schüler war in der Einstiegsphase nicht durchgängig nachvollziehbar.	In der Einstiegsphase konnte ich viele gelangweilte Gesichter ausmachen und die Schüleraktivität ging gegen Null.
	Ihre eingesetzten Differenzierungsmaßnahmen waren für die leistungsstarken Schüler eher eine Unterforderung.	Die leistungsstarken Schüler M und P sowie K und R haben sich schon nach zehn Minuten mit nicht zum Unterricht gehörenden Dingen befasst, wie z. B. ...
	Die didaktische Schwerpunktsetzung war in der Erarbeitungsphase nicht transparent für die Schüler.	In der Erarbeitungsphase habe ich viele Schülerfragen zu Aufgabenstellungen vernommen, auch in der Diskussion in den Gruppen konnte ich Ratlosigkeit erkennen.
	Sie haben bei Ihrer Unterrichtsstunde etwas zu wenig Gewicht auf die zeitlich-inhaltliche Strukturierung gelegt.	Ihre Wiederholungsphase zu Stundenbeginn erstreckte sich über fast 20 Minuten, es war nicht eine falsche Schülerantwort dabei, dagegen konnten die Aufgaben in der zehnminütigen Hauptarbeitsphase nicht mal zur Hälfte von den Schülern bewältigt werden.
	Das Potenzial hinsichtlich Mimik, Gestik und Modulation Ihrer Stimme wurde aus meiner Sicht noch nicht voll ausgeschöpft.	Ihre Stimmlage ist sehr gleichförmig und relativ leise, ihr Gesichtsausdruck wirkt sehr angespannt und ein Lächeln konnte ich in der gesamten Stunde nicht bemerken.

Webcode: SU163045-019

Hinweis

- Sagen Sie von Beginn an deutlich, dass Ihr Gesamteindruck eher positiv oder eher negativ ausfallen wird, um Missverständnisse zu vermeiden.
- Stellen Sie klar, dass das Auswertungsgespräch konstruktiven Charakter haben soll und Kritikpunkte immer dem Blick nach vorn dienen und keine Kritik an der Person darstellen. Viele Menschen nehmen kritische Hinweise zu einer Sache sofort persönlich.
- Durch häufige Nutzung der Ich-Form unterstreichen Sie Ihre eigene, subjektive Sichtweise auf die Unterrichtsstunde.
- Ergeben sich Bezugspunkte zur Unterrichtsplanung, so versuchen Sie, beide Bereiche zu vernetzen.
- Setzen Sie Ihre Beobachtungsbeispiele gezielt zur Untermauerung Ihrer Wertungen und Interpretationen ein. Sie laufen sonst Gefahr, dass Ihre Behauptungen unkommentiert im Raum stehen bleiben und von der Lehrkraft als subjektive Belehrung aufgefasst werden.
- Verzichten Sie auf hoch wissenschaftliche Theorieexkurse und vermeiden Sie ungebräuchliche Fremdwörter. Schnell gerät man sonst in die Rolle des Theoretikers, der zwar alles besser weiß, aber in Wirklichkeit den Bezug zur Praxis verloren hat.
- Achten Sie drauf, möglichst keine einengenden Fragen zu stellen. (z. B.: „Worauf hätten Sie an dieser Stelle noch achten müssen?" – „Was hat in dieser Phase den Schülern gefehlt" – …)

Verbale und nonverbale Kommunikation

Nur 7 % aller Informationen, die wir aus einem Gespräch gewinnen, holen wir aus den Worten, 55 % aus der Körpersprache, 38 % aus dem Klang der Stimme. (*Thiel* 1994) Die „nonverbale Kommunikation" verrät Gedanken, Motive, Absichten, Wünsche, Gefühle, auch wenn der Mensch mit Worten etwas ganz anderes sagt. Gebärden, Haltungen, unbewusste Signale und verräterische Zeichen ergeben in Kombination die vollständige Botschaft der Körpersprache.

Hinweis

Kulturelle und umweltbedingte Unterschiede sind zu beachten. Es ist besser, sich nicht auf einzelne Gesten zu stützen, sondern alles im Zusammenhang zu sehen.

Gesprächsführung

Verbale und nonverbale Kommunikation	
Kategorie	Beispiele
Sprache	▪ Sprechen Sie ruhig und nutzen Sie verschiedene Stimmlagen zur akzentuierten Gewichtung Ihrer Aussagen. ▪ Passen Sie Ihr Sprechtempo den Gegebenheiten an (z. B. langsamer, wenn die Lehrkraft sich Notizen macht). ▪ Nutzen Sie auch Möglichkeiten, das Gespräch situativ angemessen aufzulockern.
Mimik/Gestik/ Körperhaltung	▪ Nehmen Sie keine abwehrenden Körperhaltungen ein (z. B. Verschränkung der Arme vor dem Körper, Zurücklehnen, …). ▪ Versuchen Sie freundlich, aber möglichst neutral im Gesichtsausdruck zu bleiben. ▪ Lächeln Sie ab und zu, um Positives zu unterstreichen. ▪ Dauergrinsen ist ein „No-Go". ▪ Machen Sie aber auch ein ernsteres oder strengeres Gesicht, wenn es sich um echte Problembereiche handelt. ▪ Mit einem Stirnrunzeln oder einer hochgezogenen Augenbraue signalisieren Sie Zweifel oder Skepsis. ▪ Rutschen Sie nicht ständig auf dem Stuhl hin und her, das wirkt nervös und unsicher.
Blickkontakt	▪ Halten Sie Blickkontakt, richten Sie dabei den Blick auf ein Auge oder den Nasenrücken. ▪ Starren Sie Ihr Gegenüber nicht an. ▪ Nutzen Sie Visualisierungsmöglichkeiten (z. B. kleine Skizzen oder Schemata), um dem Gegenüber eine „Blickkontaktpause" zu gönnen.

Webcode: SU163045-020

Hinweis

▪ Achten Sie auch auf die nonverbale Kommunikation Ihres Gegenübers.
▪ Sind Abwehr oder Zweifel deutlich erkennbar, fragen Sie nach den Befindlichkeiten der Lehrkraft.
▪ Bemerken Sie Unverständnis oder Skepsis, wiederholen Sie Ihre Argumente oder fragen Sie nach.

Gesprächsführung

Einforderung von Stellungnahmen

Hinweise	Beispiele
Versuchen Sie, mit der Lehrkraft in ein konstruktives (Streit-)Gespräch zu kommen, bei dem Sie zunächst die Stellungnahme zu Ihrem Feedback einfordern.	Konnten Sie dies auch beobachten? Meinen Sie auch, dass mein Eindruck nicht falsch war? Wie sehen Sie das? Gehen wir bei der Betrachtung dieser Phase konform? Äußern Sie sich zu diesen Aspekten! Sehen Sie das genauso, oder oder teilen Sie meine Sichtweise nicht? Können Sie meine Beobachtungen und Wertungen nachvollziehen? Wie schätzen Sie diese Phase ein?
Lassen Sie sich bei abweichender Meinung Beobachtungsbeispiele von der Lehrkraft aufzeigen.	Sie sehen das nicht so. An welchen Beobachtungen können Sie das festmachen? Zeigen Sie mir Beispiele auf, mit denen Sie Ihre Meinung unterstützen können. Wir scheinen hier unterschiedlicher Auffassung zu sein, überzeugen Sie mich mit Beispielargumenten! Unsere Meinungen zu diesen Aspekten divergieren, skizzieren Sie nochmals Ihre Sichtweise dazu.
	_____ _____ _____ _____ _____ _____

Webcode: SU163045-021

Gesprächsführung

Verhalten bei kontroversen Sichtweisen

Hinweise	Beispiele
Machen Sie der Lehrkraft deutlich, dass Sie zu diesem Punkt anderer Auffassung sind.	▨ Meine Beobachtungen in dieser Situation sprechen aber eine andere Sprache! ▨ Welches meiner Argumente können Sie nicht akzeptieren? ▨ Die Schülerergebnisse unterstützen doch eher meine Argumente. ▨ Mir ist natürlich klar, dass Sie die Klasse viel besser kennen, trotzdem zeigen die _____ , dass mein Feedback nicht völlig aus der Luft gegriffen ist!
Seien Sie sich darüber im Klaren, dass Ihre Standpunkte nicht immer kritiklos zur Kenntnis genommen werden.	▨ Ich akzeptiere natürlich Ihre abweichende Meinung dazu, ich würde aber gern nochmals unsere Argumente gegenüberstellen. ▨ Ich kann Ihre Meinung durchaus verstehen, mir ist es an dieser Stelle aber wichtig, uns in diesem Gespräch auf die Sachebene zu konzentrieren! ▨ Lassen Sie uns doch unsere Argumente sachlich gegeneinander abwägen! Wir finden dann sicherlich einen gemeinsamen Nenner.
Belehren Sie die Lehrkraft nicht mit Verbesserungsvorschlägen, sondern diskutieren Sie gemeinsam Alternativen.	▨ Bitte lassen Sie uns gemeinsam über Alternativen nachdenken. ▨ Wie sehen Sie die Möglichkeit, in dieser Phase das _____ einzusetzen. ▨ Haben Sie schon mit der _____ Erfahrungen gemacht, könnten Sie sich das auch für die heutige Unterrichtsstunde vorstellen? ▨ Ich habe gerade mit Blick auf diese Situation schon mehrere Alternativen gesehen. Lassen Sie uns gemeinsam prüfen, ob diese Varianten passende Alternativen für die Situation in Ihrer Stunde wären.

Webcode: SU163045-022

Gesprächsführung

Verhalten bei emotionalen Situationen

Impulse	Beispiele
Brechen Sie bei emotionalen Ausbrüchen der Lehrkraft das Gespräch ab und vertagen es auf einen anderen Zeitpunkt.	▨ Ich denke, wir sollten das Auswertungsgespräch kurz unterbrechen, damit Sie sich sammeln können. ▨ Aus meiner Sicht wäre es besser, unser Auswertungsgespräch morgen fortzusetzen. ▨ Unsachliche Vorwürfe bringen uns an dieser Stelle nicht weiter. Ich schlage vor, dass Sie meine Standpunkte in Ruhe überdenken und wir uns am Ende der Woche nochmals zusammensetzen. ▨ Ihre ständigen Rechtfertigungen und Entschuldigungen bringen uns inhaltlich nicht weiter, bitte überdenken Sie meine Argumente bis zum _____ _____ nochmals in aller Ruhe. ▨ Ich kann nicht nachvollziehen, weshalb Sie meinen Beobachtungen und Wertungen mit einer totalen Abwehrhaltung begegnen. Denken Sie darüber bis zum _____ nach und lassen Sie uns dann konstruktiv darüber reden. _____ ▨ Für mich ist die Gesprächssituation äußerst schwierig, da Sie jeden Diskussionsansatz boykottieren und jede Kritik persönlich nehmen. Ich empfehle, am _____ einen konstruktiven Neustart zu versuchen.

Webcode: SU163045-023

Gesprächsführung

Abschluss und Weiterarbeit

Impulse	Beispiele
Lassen Sie die Lehrkraft am Ende die wesentlichen Ergebnisse der Auswertung zusammenfassen.	Ich bitte Sie jetzt, nochmals die wesentlichsten Ergebnisse unseres Auswertungsgesprächs zusammenzufassen.
	Damit wir eine gute Basis für die Weiterarbeit haben, fassen Sie die wesentlichen Ergebnisse bitte nochmals zusammen.
	Um nochmals unsere Meinungen zu einem Konsens zusammenzuführen, bitte ich Sie um eine Zusammenfassung der Gesprächsergebnisse.
	Ich würde gern sicherstellen, dass alle aufgeworfenen Argumente und Gegenargumente richtig angekommen sind. Aus diesem Grund bitte ich Sie, die Gesprächsergebnisse auf den Punkt zu bringen.
	Um sicherzugehen, dass alle Unklarheiten oder Problemfragen ausgeräumt sind, fassen Sie bitte unsere Diskussionsschwerpunkte zusammen.
Dokumentieren Sie gemeinsam mit der Lehrkraft die wesentlichsten Ergebnisse schriftlich.	Wir halten nun gemeinsam folgende Schwerpunkte unseres heutigen Auswertungsgesprächs fest.
	Bitte lassen Sie uns jetzt gemeinsam die wichtigsten Ergebnisse unserer Auswertung festschreiben.
	Ich habe gesehen, dass Sie sich Notizen gemacht haben. Bitte lassen Sie uns gemeinsam die wesentlichen Ergebnisse nochmals zusammentragen.
Achten Sie darauf, dass immer die Lehrkraft die Umsetzungsmöglichkeiten einbringt, und ergänzen Sie danach Ihre Anregungen.	Wie kann aus Ihrer Sicht eine Weiterarbeit an den Schwerpunkten erfolgen?
	Ich sehe, dass Sie schon erste Lösungsansätze im Gespräch aufgezeigt haben. Folgende Aspekte würde ich gern ergänzen.
	Was sind Ihres Erachtens die nächsten Schritte, um zielgerichtet an den gemeinsam festgelegten Schwerpunkten zu arbeiten?
	Wie könnte Ihrer Meinung nach eine effektive Herangehensweise aussehen?

Webcode: SU163045-024

Impulse	Beispiele
Legen Sie gemeinsam mit der Lehrkraft Entwicklungsmöglichkeiten und Entwicklungsschwerpunkte fest. Weniger ist oft mehr, achten Sie auf Erfolg versprechende Lösungsansätze.	▨ Konzentrieren Sie Ihre Weiterentwicklung hinsichtlich des Problemkreises _____ auf die _____ der Schüler. ▨ Richten Sie in den nächsten Wochen die Aufmerksamkeit besonders auf _____, hier werden Sie schnell erste Erfolge erreichen. ▨ Legen Sie Ihr Augenmerk zunächst besonders auf _____, Sie werden relativ kurzfristig gute Entwicklungsraten bemerken. ▨ Verlieren Sie sich nicht in einer Fülle von Zielsetzungen, folgende Gewichtung der Problemkreise kann ich Ihnen vorschlagen. ▨ Meines Erachtens sollten Sie zunächst den Schwerpunkt Ihrer Arbeit auf die Problematik des _____ ausrichten. Ich kann Ihnen diesbezüglich zeitnahe Erfolgschancen garantieren.
Bieten Sie Ihre oder die Hilfe anderer Lehrkräfte für bestimmte Festlegungen an, ohne dass sich die Lehrkraft gegängelt oder bevormundet fühlt.	▨ Ich kann Ihnen in Bezug auf den _____ Schwerpunkt einige Fortbildungen empfehlen. ▨ Unsere nächste thematische Dienstberatung hat genau diesen Schwerpunkt zum Inhalt. Ich denke, dass Ihnen die Diskussion unserer Kollegen wichtige Impulse geben kann. ▨ Ihr Fachkollege _____ führt selbst Fortbildungen zu diesem Problemkreis durch, sprechen Sie ihn doch einfach diesbezüglich an. ▨ Ich kann Ihnen anbieten, beim ersten Gespräch mit (Eltern, Schülern, _____) dabei zu sein, um Sie zu unterstützen. ▨ Frau ist eine erfahrene _____, sie hat schon mehrfach anderen Kollegen bei diesem Problem helfen können.

Webcode: SU163045-024

4.3   Auswertungstypen

In meiner langen Erfahrung als Ausbilder von jungen Lehrern bin ich einer Vielzahl von verschiedenen „Auswertungstypen" begegnet.

Der Sonnenscheintyp

Der Sonnenscheintyp ist sehr aufgeschlossen, freundlich, selbstbewusst, aber dennoch kritisch aufmerksam.

Hinweis

Er ist der angenehmste Typ und aus meiner Sicht am einfachsten zu handhaben in einem Auswertungsgespräch. Einfach bedeutet aber nicht, dass das Gespräch anspruchslos erfolgt, eher das Gegenteil ist der Fall. Hier ist die volle Bandbreite theoretischer sowie praktischer Durchdringung gefragt. Dieser Typ wird alles kritisch hinterfragen und Sie müssen mit extrem stichhaltigen Argumenten aufwarten. Im Gegensatz zu „Rechtfertigungsexperten" wird er immer das stärkste Argument akzeptieren und gelten lassen.

Der Resistente

Der Resistente hört sich alles in Ruhe an, nickt zustimmend, reflektiert wortkarg und wiederholt meist nur die Standpunkte des Hospitierenden.

Hinweis

Hier ist echte Vorsicht geboten. Hauptproblem ist, dass man erst nach mehreren Hospitationen bemerkt, dass alle Hinweise ignoriert werden. Empfehlenswert ist eine detaillierte und lückenlose Dokumentation der Auswertungsschwerpunkte mit anschließender Unterzeichnung aller Beteiligten. Schwarz auf weiß muss man diesem Gesprächspartner aufzeigen, was beim letzten Mal festgelegt wurde. Im Härtefall sollte man auch auf umsetzbare und Erfolg versprechende Sanktionen zurückgreifen. Leider ist im seltensten Fall eine Ursachenfindung möglich – ob es sich nun um pure Ignoranz oder Arroganz, Unvermögen oder ein übersteigertes Selbstwertgefühl handelt. Erst wenn die Ursache klar ist, kann in so einem Fall Hilfe angeboten werden.

Der Zweifler

Der Zweifler macht eine positive Aussage um dann mit „aber" schon wieder eine Umkehr zum Negativen zu beginnen. Er hat ständig Angst, dass etwas nicht klappt, selbst wenn es gut gelaufen ist, ist er unsicher. Die Extremfälle nenne ich die „Selbstzerfleischer".

Hinweis

Den „Zweifler" müssen Sie hauptsächlich von seinen positiven Ergebnissen überzeugen. Es ist besonders wichtig, dass Sie ihm klar machen, was er in der Unterrichtsstunde erreicht hat und dies mit treffenden Beobachtungen hinterlegen. Selbst wenn Sie ihn darauf hinweisen, doch lieber mit etwas Positivem zu beginnen, so wird er immer ein „… aber, das war doch …" hinzufügen. Gute Erfahrungen habe ich am Ende des Auswertungsgesprächs immer mit einer visualisierten, rein quantitativen Gegenüberstellung von positiven und kritischen Aspekten gemacht. Eine Variante sehe ich darin, auf einem grünen Blatt oder mit einem grünen Stift alle positiven Schwerpunkte und auf einem roten Blatt oder mit einem roten Stift alle negativen Schwerpunkte aufzulisten und miteinander zu vergleichen.

So eine Visualisierung bewirkt bei diesem Auswertungstyp manchmal Wunder. Eine anschließende qualitative Einschätzung kann zusätzlich für positive Verstärkung sorgen.

Der Schwätzer

Der Schwätzer redet ununterbrochen, hört erst auf, wenn man ihn unterbricht, bringt die Dinge nicht auf den Punkt, hat die Auffassung, solange „er" selbst redet, kann der Hospitierende auch nichts Kritisches sagen.

Hinweis

Führen Sie sich deutlich vor Augen, dass Sie diesem Gesprächspartner transparente und strukturierte Vorgaben an die Hand geben müssen. Machen Sie Ihrem Gegenüber klar, dass Sie ihn bei kleinsten Abweichungen von der vorgegebenen Struktur unterbrechen und eingreifen werden. Führen Sie ihn immer wieder auf die Sachebene zurück und fordern Sie ihn auf, die angesprochenen Aspekte auf den Punkt zu bringen sowie mit konkreten Beispielen zu belegen oder zu widerlegen.

Der Rechtfertigungsexperte

Der Rechtfertigungsexperte hat für alles und jedes eine passende Antwort. Er selbst macht eigentlich keine Fehler, findet immer die Ursachen bei anderen oder gibt äußeren Einflüssen und ungünstigen Bedingungen die Schuld.

Hinweis

An dieser Stelle sind besonders starke Argumente und noch stärkere Beobachtungsbeispiele gefragt. Als äußerst wertvoll haben sich in diesem Zusammenhang dokumentierte Ergebnisse der Stunde erwiesen. Schülerergebnisse, Arbeitsergebnisse, Gruppenergebnisse, entwickelte Tafelbilder, Lösungsfolien oder mitgeschriebene Schülerantworten sind echte Beweise, die dann unwiderlegbar auf den Tisch gebracht werden können. Nur so können Sie diesem Auswertungstypen den sogenannten Wind aus den Segeln nehmen und starke Argumente aufzeigen.

Die Heulsuse

Die Heulsuse ist der Meinung, dass alle sie nur kritisieren wollen und nur das Schlechte sehen. Wird Kritik geäußert, wird losgeheult und alles schlecht gemacht.

Hinweis

Ähnlich wie im Falle des „Resistenten" muss man auf der Hut sein. Man neigt relativ schnell dazu, Mitgefühl zu entwickeln und viele Aspekte dann weniger kritisch zu beleuchten. So ist man leicht versucht, die Dinge „schönzureden". Schnell regt sich in Ihrem Inneren die Angst, dass nun gleich wieder Tränen purzeln. Hier müssen Sie immer wieder daran erinnern, dass Kritik auch etwas Positives darstellt, da sie der Weiterentwicklung und „des Blicks nach" vorn dient – und nicht als persönliche Anfeindung zu werten ist. Auch in diesem Fall ist es nur schwer einschätzbar, ob hier lediglich taktiert wird – im Sinne „... wenn es zu kritisch wird, zeige ich Tränen und dann wird er schon weich" – oder ob sich hier wirklich eine totale Unzufriedenheit über das eigene Versagen in bestimmten Situationen äußert. Unterbrechen Sie notfalls auch das Gespräch und geben Sie Ihrem Gegenüber eine Pause. Im Härtefall vertagen Sie das Auswertungsgespräch auf einen anderen (zeitnahen) Termin.

Der ewig Zufriedene

Der ewig Zufriedene beginnt meist mit dem Satz: „Insgesamt war ich zufrieden mit meiner Stunde", lobt alle Bereiche seiner Unterrichtsstunde und ist kaum in der Lage, auch eindeutige Anzeichen von Unstimmigkeiten zu erkennen.

Hinweis

Dies ist ein echter Problemfall, da sich eine riesige Diskrepanz zwischen Selbst- und Fremdwahrnehmung offenbart. Auch an dieser Stelle sind besonders starke Argumente und starke Beobachtungsbeispiele gefragt. Als wirkungsvoll haben sich in diesem Zusammenhang dokumentierte Ergebnisse der Stunde erwiesen. Schülerergebnisse, Arbeitsergebnisse, Gruppenergebnisse, entwickelte Tafelbilder, Lösungsfolien oder mitgeschriebene Schülerantworten sind echte Beweise, die dann unwiderlegbar auf den Tisch gebracht werden können. Nur so können Sie dem „Zufriedenen" transparent aufzeigen, welche Defizite aber auch Potenziale in seinem unterrichtlichen Handeln liegen. Schwerpunkte der Weiterarbeit sehe ich in diesem Fall besonders hinsichtlich der Fähigkeiten zur Reflexion eigenen Lehrerhandelns.

4.4 Bedeutung der Reflexion als Lehrerkompetenz

Neben den von der KMK aufgestellten Lehrerkompetenzen sehe ich auch die Fähigkeit zur Reflexion des eigenen professionellen Lehrerhandelns als Grundvoraussetzung für die stetige Weiterentwicklung und Qualifizierung im Lehrerberuf an.

Didaktische Reflexionskompetenz wird hier gesehen als die Kompetenz, das eigene didaktische Handeln und die eigenen didaktischen Entscheidungen im Kontext einer pädagogischen Situation im Nachhinein zu überdenken und explizit zu begründen, um bewusst daraus zu lernen, mit dem Ziel eines persönlichkeitswirksamen Bildungsprozesses. Dafür sollte rückblickend Bezug genommen werden auf die eigenen Erfahrungen im didaktischen Feld, die Kommunikation mit Dritten (Schüler, Kommilitonen, Seminarleitung), das eigene Vorwissen und Faktenwissen aus der Literatur im Sinne einer Theorie-Praxis-Relationierung. (Abels 2010, 49)

Wie alle anderen Kompetenzen auch, so entwickelt sich die Kompetenz zur Reflexion nicht von selbst, sondern muss entwickelt werden. Dafür müssen Räume und Gelegenheiten geschaffen werden, die eine Entwicklung zulassen und fördern – Lehrern muss ein Instrumentarium in die Hand gegeben werden, welches sie zielgerichtet nutzen können. Als ein Hauptinstrument, welches sich aus meiner Sicht auch nicht durch irgendein anderes Instrument ersetzen lässt, ist die Reflexion der Lehrkraft unmittelbar (das heißt hier 10–30 Minuten) nach der Unterrichtsstunde.

Es gibt viele Meinungen, die besagen, dass man als Lehrkraft nach einer Unterrichtsstunde nicht sofort in der Lage ist, eine tiefgründige und strukturierte Reflexion zu leisten. Darum geht es aber auch nicht. Ich habe auch selbst schon Stunden erlebt, nach denen ich noch lange über bestimmte Phasen nachdenken musste, darüber, was und warum da etwas nicht gestimmt hatte, die Schüler nicht konnten oder begriffen haben, was ich von ihnen wollte. Stattdessen geht es vielmehr darum, ein Ritual zu entwickeln, bei dem man unmittelbar nach der Stunde (es kann schon auf dem Weg vom Klassenraum ins Lehrerzimmer sein) kurz und knackig feststellt,

- was gut war und wie es beibehalten werden kann,
- was eher unstimmig war und unbedingt geändert werden sollte.

Für eine tiefgründige reflexive Analyse braucht man deutlich mehr Zeit und vielleicht hilft auch das eine oder andere Gespräch mit dem Fachkollegen.

Tipp
Nutzen Sie unbedingt die Phase der Reflexion der Lehrkraft während des Auswertungsgespräches. Sie können sich sofort ein Bild darüber machen, auf welcher Niveaustufe sich die Lehrkraft hinsichtlich seiner Reflexionskompetenz befindet.

Didaktische Reflexionskompetenz

Kompetenzstufe	Merkmale
Erkennen und Wahrnehmen	Lehrkraft erkennt positive und negative Unterrichtssituationen bzw. Unterrichtsphasen und kann sie beschreiben
Verstehen	Lehrkraft setzt sich mit positiven und negativen Unterrichtssituationen bzw. Unterrichtsphasen auseinander und versteht Zusammenhänge Kann Argumente und Erklärungen für Entscheidungen oder Resultate des Unterrichts heranziehen
Analysieren	Lehrkraft kann positive und negative Unterrichtssituationen bzw. Unterrichtsphasen analysieren, zieht ein eigenes Urteil (Rückschlüsse) und kann daraus Veränderungsmöglichkeiten entwickeln
Evaluieren	Lehrkraft übernimmt selbstständig und zielgerichtet die Steuerung des Reflexionsprozesses, berücksichtigt multiple Perspektiven

Webcode: SU163045-025

Ich versuche, viele Möglichkeiten der Entwicklung der Reflexionskompetenz auch außerhalb von Auswertungsgesprächen anzubahnen. Besonders gut sind dafür die Schaffung exemplarischer pädagogischer Unterrichtssituationen geeignet. Nach der Vorstellung einer solchen Situation kann wahlweise in verschiedenen Sozialformen diskutiert und analysiert werden, um anschließend auch alternative Möglichkeiten zu problematisieren. Neben der schriftlichen oder mündlichen Darstellung einer Situation eignen sich besonders Videosequenzen sehr gut dafür. Hier hat man die Möglichkeit, an bestimmten Stellen zu stoppen, um dann, nach einer Diskussionsrunde, die Auflösung zu zeigen.

Tipp

Dies könnte auch für Sie als Schulleiter eine echte Variante für inhaltliche Dienstberatungen darstellen. Es sind derzeit sehr viele Unterrichtsvideografien auf dem Markt, die sich für solche Veranstaltungen bestens eignen.

Man muss ja nicht immer eine gesamte Unterrichtsstunde zeigen, häufig ist es effektiver, nur auf bestimmte und zielgerichtete Situationen einzugehen.

Stufen zur Reflexionstiefe

Reflexionstiefe	Merkmale
Stufe 1 Sachbezogene Beschreibung	bezogen auf konkretes pädagogisches Angebot Einfache Wiedergabe von Handlungsabläufen Beschreibung von Situationen ohne zusätzliche Kommentare, ohne eigene Gedanken erste Distanzierung vom konkreten Tun ohne Begründung, keine explizite Reflexion
Stufe 2 Handlungs- bezogene Begründung	Beschreibung von Sachverhalten Sinngebung mit Begründungen oder Handlungsalternativen werden aufgeführt innere Distanzierung vom bloßen Handeln, da Formulierung der eigenen Perspektive vorhanden
Stufe 3 Analytische Abstraktion	gemachte Erfahrungen werden unter Berücksichtigung mehrerer Perspektiven (z. B. aus der Sicht von Erzieherin und Kind, Vergangenheit und Gegenwart – in Bezug auf eigenes pädagogisches Handeln) analysiert Elemente und Strukturen werden auf einer allgemeineren Ebene erkannt, identifiziert und zueinander in Beziehung gesetzt aus dieser Analyse heraus werden Konsequenzen im Hinblick auf zukünftiges Verhalten, zukünftige Aktivitäten gezogen ein neues erweitertes Verständnis wird entwickelt

Webcode: SU163045-026

Stufe 4 Kritischer Diskurs	Die Erkenntnisse werden im Hinblick auf übergeordnete Werte, Prinzipien und/oder auf relevante Theorien hin bewertet. Es erfolgt eine kritische Auseinandersetzung damit. Es kommt zu einer Zunahme der Fähigkeit zum Erkennen eigener Anteile und Deutungen in Interaktionen.
Stufe 5 Professionalisierung	Erkennen des eigenen Urteils-Handlungs-Hiatus und Durchdenken, Planen von zielorientierten Verbesserungsstrategien Konkrete Verbesserungsmaßnahmen (am eigenen Tun, an professionellem Umfeld) werden initiiert. Festgefahrene Rollenverständnisse werden thematisiert und konstruktiv in Frage gestellt, andere Handlungsmöglichkeiten diesbezüglich ausgelotet und ausprobiert. Herausdestillieren konstruktiver, unterstützender Fortbildungselemente für NFFK

Vgl. Stufen zur Reflexionstiefe *Monika Zimmermann / Manuela Welzel* (2008): Reflexionskompetenz – ein Schlüssel zur naturwissenschaftlichen Frühförderkompetenz (NFFK). In: Institut für Weiterbildung Pädagogische Hochschule Heidelberg (Hrsg.): Aspekte zur Elementarbildung II. Landau: Verlag Empirische Pädagogik, 29–36.

Webcode: SU163045-026

Andere Möglichkeiten zur Entwicklung der Reflexionskompetenz sehe ich in der Nutzung der Videografie. Ich gebe meinen Referendaren immer den Rat, sich im eigenen Unterricht zu filmen.

Es ist ungemein hilfreich, sich selbst im eigenen Unterricht beobachten und dann auch bewerten zu können. Ist man sich unsicher bezüglich eines bestimmten unterrichtlichen Handelns, so kann problemlos eine Lehrkraft des Vertrauens hinzugezogen werden.

Leider ist diese Variante organisatorisch recht schwierig, da man die Datenschutzbestimmungen beachten muss und auf Zustimmung der Eltern zum Filmen aus rechtlicher Sicht angewiesen ist.

4.5 Auf den Punkt gebracht

Auswertungsgespräche sind äußerst sensible Phasen während einer Hospitation und verlangen unbedingt eine sehr gute Vorbereitung, um erfolgreich zu sein.

Die Vorbereitung auf Auswertungsgespräche muss neben der Schaffung guter organisatorischer Bedingungen auch eine klare Zielstellung, den Umgang mit den Ergebnissen und vor allem die zukunftsorientierte Weiterarbeit beinhalten.

Die Strategien zur Gesprächsführung müssen stets auf die äußeren Rahmenbedingungen sowie die Individualität des Gegenübers ausgerichtet sein.

Formulieren Sie Ihre Aussagen in den Auswertungsgesprächen thesenartig und belegen Sie diese mit treffenden Beobachtungsbeispielen aus der Unterrichtsstunde.

Die Fähigkeit zur Reflexion eigenen Unterrichts ist eine wesentliche Lehrerkompetenz, der immer wieder Beachtung geschenkt werden sollte.

Ein Hauptinstrument zur weiteren Entwicklung der Reflexionskompetenz des Lehrers ist die zielgerichtete Einschätzung und Evaluierung des eigenen Unterrichts.

5 Unterrichtsqualität und Lehrerleitbild

Welche Bedeutung hat die Lehrerpersönlichkeit bei der Entwicklung von Unterrichtsqualität an unseren Schulen?

Wie könnte ein mögliches Leitbild für einen Lehrer aussehen und wie könnte damit ein Beitrag zur Entwicklung der Unterrichtsqualität geleistet werden?

Welche Möglichkeiten hat ein Schulleiter, die Unterrichtsqualität an seiner Schule zielgerichtet zu entwickeln?

5.1 Rolle des Lehrers

Nicht erst seit *John Hatties* Meta-Meta-Analyse ist man sich über die Rolle des Lehres im Lehr-Lern-Prozess im Klaren. Erinnert man sich an seine eigene Schulzeit, so kann fast jeder sofort die guten und die schlechten Lehrer benennen. Das graue Mittelmaß der Lehrer ist meist schnell in Vergessenheit geraten. Dieses Bild vom guten Lehrer kommt aber nicht einfach von selbst, diese Lehrkraft muss sich den Titel verdienen. Für den Lernerfolg spielt es eine ganz entscheidende Rolle, von wem die Schüler unterrichtet werden und ob der betreffende Lehrer einen guten Unterricht macht oder nicht. So schließt sich der Bogen zu den Kriterien für die Beurteilung von Unterrichtsqualität.

Für *Hattie* sind dabei zwei Aspekte von maßgebender Bedeutung. Zum einen rückt er eine Unterrichtsgestaltung in den Mittelpunkt, dass der Lehrer „mit den Augen der Lernenden" sehen sollte. Er fordert dabei vom Lehrer die Kompetenz, sich in die Lernprozesse der Schüler hineinversetzen zu können. Der Lehrer sollte also in der Lage sein, einen Perspektivwechsel vorzunehmen, um die Lernprozesse aus der Sicht der Schüler wahrnehmen zu können und vor diesem Hintergrund unterrichtliche Prozesse aktiv gestalten zu können. Zum anderen haben für *Hattie* Evaluationsprozesse eine fundamentale Bedeutung. Es ist äußerst wichtig, dass Lehrer die Wirkungen ihres eigenen Lehrerhandelns evaluieren. Diese Lehrer erreichen aber erst dann den besonderen Einfluss auf ihre Schüler, wenn sie auch die richtigen Konsequenzen aus dieser

Evaluierung ziehen. Damit schließt sich auch der Bogen zur Bedeutung der Reflexion als Lehrerkompetenz.

Ich möchte noch einen dritten Aspekt in diesem Zusammenhang einbringen. Den besten Erklärungsansatz bietet sich aus meiner Sicht mit einer Assoziation zum Sport. Um im Sport oder in einer bestimmten Sportart erfolgreich zu sein, ist ein bestimmtes Maß an Talent notwendig. Dies trifft auch für die erfolgreiche Lehrertätigkeit zu. Das reine Talent wird über kurz oder lang nicht mehr ausreichen, um Bestleistungen zu erzielen. Dafür bedarf es eines harten Trainings.

Genauso sehe ich das im Lehrerberuf. Talent alleine reicht nicht für einen guten Lehrer aus, er muss permanent hart an sich arbeiten und sein Handwerkszeug perfektionieren. Talentfreie Sportler sind durchaus in der Lage, durch immensen Trainingsaufwand gute Sportler zu werden, sehr gute Sportler werden sie aber nie. Lehrer, die kein oder nur wenig Talent für ihren Beruf besitzen, werden vielleicht durchschnittliche bis gute Lehrer. Der sehr gute Lehrer hat Talent und muss ständig bestrebt sein, sich weiterzuentwickeln.

5.2 Versuch eines modernen Lehrerleitbildes

Lehrerprofession ist mehr als nur Fachfrau oder Fachmann in zwei Fächern oder Lernbereichen zu sein und darin gut unterrichten zu können. Lehrer sind Fachleute für Entwicklungsprozesse von jungen Menschen, also für Lernprozesse, für Erziehung und Bildung durch Unterricht und Schule. Es geht uns also um die Entwicklung einer professionellen Lehrerpersönlichkeit. Den Weg dahin sehen wir in einem vernetzten System von Selbstverantwortung für das eigene Lernen, in einer Wechselwirkung von Schul- und Unterrichtstheorie mit sich schnell verändernden Wirklichkeiten in den Schulen und in einem System sozialer Verantwortung in unterschiedlichen Lern- und Arbeitsgruppen. Die professionellen Kenntnisse und Verhaltensweisen sehen wir in der didaktischen Auswahl und Aufbereitung von Zielen, Inhalten und Methoden für den Unterricht, in Auswahl und Umsetzung ganz unterschiedlicher, effektiver Arbeitstechniken, Lernstrategien und Medien, in professioneller Kommunikation, in der fördernden Begleitung individueller und sozialer Prozesse, in einer professionellen Beurteilungspraxis und in einer immanenten Reflexion und Evaluation.

Praxis-Theorie- bzw. Theorie-Praxis-Reflexion ist im Kontext des selbst gesteuerten Lernens eng verbunden mit Selbstreflexion und systemischer Reflexion. Wir wünschen uns weder theorielastige noch theoriefeindliche Lehrer. Stattdessen wünschen wir sie uns fragend, erprobend, überprüfend, experimentierend, dialogbereit und stets aufs Neue überprüfend. Häufig werden Lehrkräfte als typische „Einzelkämpfer" angesehen, die sich für alles und alle zuständig fühlen. Das Prinzip der Teamorientierung sollte sich mit diesem Phänomen konstruktiv auseinandersetzen. An Ihren Schulen sollten Lehrer erfahren und reflektieren, wie sie selbst in Gruppen und Teams arbeiten können, wie sie auf andere wirken und wie Gruppen auf sie einwirken.

Die Suche nach einem optimalen Lehrerleitbild ist vermutlich schon so alt wie der Lehrerberuf selbst. Viele Erziehungswissenschaftler und Unterrichtsforscher haben sich daran versucht, ebenso viele lehnen es auch ab, nach einem Lehrerleitbild zu suchen. Natürlich wäre es auf der einen Seite schön, ein optimales Leitbild zu haben, um danach die gesamte Lehrerbildung auszurichten. Auf der anderen Seite stellt sich die Frage, ob es, wenn überhaupt möglich und sinnvoll ist, einen solchen „Optimallehrer" heranzubilden. Ist es nicht gerade auch für die Schüler ungeheuer wichtig, auf unterschiedliche Lehrertypen zu treffen. Wenn ich noch einmal Schüler wäre, würde ich mich selbst als Lehrer auch nicht acht Stunden am Tag fünf Tage die Woche ertragen müssen wollen. Die Mischung von vielen verschiedenen Lehrerpersönlichkeiten mit ihren ganz speziellen Vorzügen und Persönlichkeitsmerkmalen ist wichtig für die Ausbildung unserer Schüler. Mein Versuch, hier aus meiner Erfahrung heraus ein Lehrerleitbild herauszufiltern, zielt auch nicht darauf ab, einen uniformierten, gleichförmigen und perfekten Roboter zu entwickeln. Mir geht es hauptsächlich darum, Anforderungen an einen guten Lehrer zu skizzieren, die im professionellen Lehrerhandeln für einen guten Unterricht zu beachten sind und auf deren Förderung, Qualifizierung und Entwicklung zu einem großen Teil auch von Ihnen als Schulleiter Einfluss genommen werden kann. Die nachfolgende Grafik soll meine Auffassung in einem Strukturdiagramm visualisieren.

Kompetenzbereiche gezielt berücksichtigen	Bereitschaft und Mut, neue Konzepte auszuprobieren	Mit Belastungen professionell umgehen, z. B. durch Zeitmanagement, Selbstmanagement	Kritische Auseinandersetzung mit neuen Konzepten und Abstimmung auf die spezifischen Voraussetzungen und Bedingungen
Didaktische Konzepte prüfen und auf Aktualität hinterfragen	Bewusste Planung von Differenzierungs- und Individualisierungsmaßnahmen	Situationsangemessenes Reagieren auf tagtägliche Besonderheiten und Veränderungen	
Bewährtes jederzeit in Frage stellen	Kreativität der Schüler zulassen und fördern		Anpassungsfähigkeit in Beziehung auf Schüler, Kollegen, Eltern und schulische Bedingungen
Kreativ sein und Kreativität umsetzen		Spontanität zeigen und entwickeln	
IT-Nutzung für effektive Unterrichtsvorbereitung und Materialerstellung	Evaluationsinstrumente kennen und nutzen		Neugier auf Unbekanntes entwickeln

Modern   Flexibel

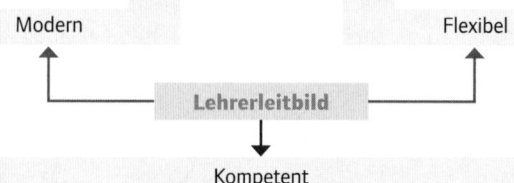

Lehrerleitbild

Kompetent

Unterrichten	Erziehen	Beurteilen	Innovieren
Förderung der Fähigkeiten von Schülern zum selbstständigen Lernen und Arbeiten	Finden von Lösungsansätzen für Konflikte und Schwierigkeiten in der Schule	Erfassung von Schülerleistungen auf Grundlage transparenter Beurteilungsmaßstäbe	Planung und Umsetzung schulischer Projekte und Vorhaben
Fach- und sachgerechte Planung und Durchführung von Unterricht	Vermittlung von Werten und Normen und Unterstützung selbstbestimmten Handelns von Schülern	Diagnostik von Lernvoraussetzungen und Lernprozessen	Lehrerberuf als ständige Lernaufgabe
Unterstützung des Lernens durch Gestaltung von Lernsituationen	Kennen von sozialen und kulturellen Lebensbedingungen der Schüler und Einflussnahme auf deren individuelle Entwicklung im Rahmen der Schule	Förderung und Beratung von Lernenden und deren Eltern	Lehrerberuf als öffentliches Amt mit besonderer Verantwortung und Verpflichtung
Motivation und Befähigung der Schüler, Zusammenhänge herzustellen und Gelerntes zu nutzen			

Abb. 5.1: Holger Dathe, Lehrerleitbild

5.3   Der Schulleiter im Prozess der Unterrichtsentwicklung

Unterricht ist nach wie vor der Kernbereich schulischer Aktivitäten, auch wenn teilweise der Eindruck entsteht, dass immer weniger Zeit für den Lehrer dafür zur Verfügung steht. Es muss ein zentrales Ziel der schulischen Entwicklungsarbeit sein, die Lehr- und Lernprozesse so zu gestalten, dass Schüler effektiv und effizient gefordert und gefördert werden, sie aber im Gegenzug die Möglichkeit bekommen, ihr eigenes Potenzial optimal nutzen können. Hier stellt sich nun aber die Frage, wie ich dieser Zielsetzung als Schulleiter gerecht werden kann. Es gilt mittlerweile als Binsenweisheit, dass formal angeeignetes Wissen in keinem Fall mit Handlungskompetenz gleichzusetzen ist. Es ist ein Trugschluss zu denken, dass Dienstberatungen mit inhaltlichen Aspekten allein dafür ausreichen, eine nachhaltige Veränderung der Unterrichtsqualität zu bewirken. Dafür ist unterrichtliches Handeln einfach zu komplex und bedarf deutlich mehr an Aufmerksamkeit. *Helmke* (2012, 309) hat das sehr treffend formuliert:

Der Weg vom Wissen (und Behalten) zum Können (der Kompetenz) und weiter bis zum Tun (der wirklichen Veränderung) ist weit und schwierig.

Wenn es realistisch wäre, so würde ich jedem Lehrer empfehlen, ein bis zwei Jahre als Berater von Referendaren zu fungieren und in verschiedenen Fächern zu hospitieren und danach Auswertungsgespräche zu führen. Kein Buch, keine Fortbildung, kein Coaching oder Supervision kann leisten, was an Ideen, Fehlern, Unterrichtssituationen, Unterrichtsmaterialien, Methoden, Konflikten u. v. a. m. geboten wird. Da das aber völlig unrealistisch ist, möchte ich einige mögliche Wege aufzeigen, die das zumindest näherungsweise leisten könnten und die unter schulischen Bedingungen auch umsetzbar sind.

Den ersten und zugleich schwierigsten Schritt sehe ich darin, Lehrer dazu zu bringen, über ihren eigenen Unterricht nachzudenken. Viele Referendare gehen mit der Vorstellung ins Referendariat, dass sie dort eine Fülle umsetzbarer Rezepte für Unterricht bekommen und mit dem notwendigen Handwerkszeug ausgestattet werden. Sie brauchen dann im Schulalltag nur noch ein Rezept rauszusuchen, das passende Handwerkszeug zuzuordnen und schon läuft der tagtägliche Unterricht.

Natürlich können wir viele dieser Dinge bedienen, es geht aber hauptsächlich darum, dass über Unterricht nachgedacht wird. Warum nehme ich gerade dieses Rezept, diese Methode, genau dieses Handwerkszeug, …? Viel zu oft habe ich in den Lehrerzimmern den Spruch gehört:

Das ist doch alles moderner Firlefanz, ich mache seit dreißig Jahren meinen Unterricht und meine Schüler haben immer was gelernt.

Tipp
Eine Möglichkeit sehe ich in der Ausbildung von Referendaren an der eigenen Schule. Viele Lehrer sträuben sich anfangs davor, einen Referendar als Mentor zu begleiten und auszubilden. Nur in wenigen Ausnahmefällen habe ich nach der Ausbildungszeit vom Mentor ein negatives Feedback bekommen. Das waren dann wirklich schwierige Einzelfälle. Die Vielzahl der Mentoren konnte nach Abschluss der Ausbildung konstatieren, dass es für beide Seiten eine gewinnbringende Phase war und man gegenseitig voneinander profitieren konnte. Das Know-how und der Mut, neue Dinge in das unterrichtliche Lehrerhandeln einzubringen, kamen meist vonseiten der Referendare. Die Erfahrung und der geschulte Blick auf die wesentlichen Aspekte des Unterrichts werden von den Mentoren eingebracht.

Ich habe die Erfahrung gemacht, dass in Fehlern sehr viel mehr Potenzial steckt, als in aalglatten und auf Sicherheit ausgerichteten Unterrichtsstunden. Es ist unheimlich schwierig, das immer als negativ gewertete Fehlermachen aus den Köpfen der Referendare zu bekommen. Solange dies aber ein gesamtgesellschaftliches Denken bleibt, wird man damit stets und ständig zu kämpfen haben.
Die Angst, Fehler zu machen und dabei auch noch beobachtet zu werden, ist für Referendare wie auch für gestandene Lehrer ein fast unüberwindbares Problem. Wenn Sie es als Schulleiter schaffen, eine Vertrauensbasis bei den Kollegen zu etablieren, die Fehler als Entwicklungsmotor für Unterrichtsqualität akzeptiert und verinnerlicht, der hat eine erste große Hürde auf dem Weg zur Unterrichtsentwicklung an der eigenen Schule genommen.

Gemeinsame Unterrichtsvorbereitung

Einen soften Einstieg in diese Richtung kann mit gemeinsamen Unterrichtsvorbereitungen erreicht werden. Im Schulalltag sieht es meist so aus, dass im Fachbereich manchmal erstellte Arbeitsblätter getauscht werden. Das kann manchem Kollegen die Arbeit durchaus kurzfristig erleichtern, trägt aber am Ende nicht wirklich zur Sache bei.

Tipp

Richten Sie Ideenbörsen zunächst in den Fachbereichen und später in den Dienstberatungen ein. Beginnen Sie zunächst kleinschrittig in Form von Unterrichtsmaterialien, Unterrichtsphasen, Methoden, …, damit Sie die Kollegen nicht gleich mit ganzen Unterrichtsstunden oder Unterrichtssequenzen überfrachten. Verfahren Sie dann nach einer einheitlichen Struktur:

- gemeinsam planen
- durchführen bzw. auch ausprobieren
- evaluieren

Fortbildungen

Mit Fortbildungen assoziieren viele Lehrer Frust, verlorene Lebenszeit oder notwendiges Übel. Leider muss ich gestehen, dass auch ich nur zu oft schlechte Erfahrungen mit Fortbildungen machen musste. Oft blieb nach den Spielen zum gegenseitigen und eigenen Kennenlernen keine Zeit mehr, um die wesentlichen Inhalte aufgreifen und diskutieren zu können.

Einmal wurden die zahlreichen Kursteilnehmer, unter denen ich mich auch befand, sogar dazu gebracht, verschiedenfarbige runde oder ovale Karten mit Ideen zum möglichen Überleben auf einer einsamen Insel vollzuschreiben und stundenlang unter verschiedenen Gesichtspunkten zu ordnen. Dies kann aus meiner Sicht auch nicht der Stein des Weisen sein.

Tipp

Fortbildungen sollten Sie möglichst aufgrund vertrauenswürdiger Empfehlungen oder eigenen Erfahrungen auswählen und empfehlen. Sehr gute Erfahrungen habe ich mit der Durchführung von Fortbildungen zur Thematik „Unterricht beobachten und zielgerichtet auswerten" machen können. Aufgrund der langjährigen Zusammenarbeit mit Ausbildungsschulen kam es uns zugute, dass verschiedene Referendare eine Unterrichtsstunde zeigten und die Kollegen der jeweiligen Schule hospitieren konnten. Anschließend konnte auch das Auswertungsgespräch beobachtet werden. Die nachfolgende Diskussion zur gesehenen Unterrichtsstunde und des beobachteten Auswertungsgesprächs brachten eine Vielzahl an Ideen und Impulsen für die weitere Arbeit. Hat man keine Referendare an der Schule oder erklären sich auch keine Kollegen für eine solche Hospitation bereit, besteht auch die Möglichkeit, videografierte Unterrichtsstunden zu nutzen.

Öffnen Sie Ihre Schule unbedingt auch für neue Medien wie interaktive Boards oder Tablet-PCs. Ich höre immer wieder die Diskussionen um diese Dinge in den Lehrzimmern der Schulen, in denen ich Referendare ausbilde. „Die grüne Tafel wird es auch noch in hundert Jahren geben", „Die Technik versagt sowieso, wenn ich sie brauche", „Es ist ein riesiger Vorbereitungsaufwand" – so oder ähnlich könnte ich die Zitate noch lange fortsetzen.

Tipp

- Holen Sie sich Experten für Fortbildungen zu diesen neuen Medien an die Schulen.
- Achten Sie darauf, dass es nicht nur reine Technikexperten sind, sondern dass es möglichst Praktiker sind, die selbst diese Technik im Unterricht einsetzen.
- Nutzen Sie die Varianten von allgemeinen und von fachspezifischen Einsatzmöglichkeiten.

Kollegiale Hospitationen

Kollegiale Hospitationen als festen Bestandteil der Entwicklung der Unterrichtsqualität zu etablieren bedeutet meines Erachtens einen riesigen Schritt in die richtige Richtung. Die schwierige Aufgabe für Sie als Schulleiter besteht darin, die Kollegen für diese Maßnahme zu gewinnen. Lehrer neigen grundsätzlich dazu, in eine Abwartehaltung bei schulischen Neuerungen zu gehen. Leider haben sie viel zu oft negative Erfahrungen gemacht. Neue Dinge wurden aufoktroyiert, mit viel zusätzlichem Aufwand von den Lehrern durchgeführt und ausgewertet. Dann war meist Schluss, es fand keine Evaluation statt bzw. konnte auch der eigentliche Sinn der Maßnahmen nicht ergründet werden. Für Lehrer wie auch für jeden anderen Menschen muss es einen Sinn ergeben, dass man sich neuen Herausforderungen stellt.

Tipp

- Beginnen Sie kollegiale Hospitationen zunächst in Paaren oder Dreiergruppen.
- Versuchen Sie, die organisatorischen Rahmenbedingungen dafür zu schaffen.
- Halten Sie dabei den zusätzlichen Aufwand für die Kollegen so gering wie möglich.
- Locken Sie die Kollegen mit Vergünstigungen und einem vertretbaren Maß an Verhältnismäßigkeit.
- Schaffen Sie Rahmenbedingungen, in denen die Kollegen ihre Erfahrungen präsentieren können, es werden dadurch Synergieeffekte ausgelöst.

Die kollegiale Hospitation in Paaren oder kleinen Gruppen hat zwei große Vorteile. Erstens handelt es sich um Lehrkräfte, die zwar über viel Praxiserfahrung verfügen, aber nicht unbedingt immer auf dem aktuellsten Stand fachdidaktischer und fachwissenschaftlicher Erkenntnis sind. Zweitens „coachen" sie sich in wechselnden Rollen gegenseitig. Und es sind Lehrkräfte, die sich täglich begegnen und im selben Umfeld weitgehend vergleichbare Aufgaben zu bewältigen haben.

In einer ersten Vorbesprechung planen sie zusammen eine Unterrichtssequenz, die sie anschließend in gemeinsamer Verantwortung durchführen und reflektieren. Ziel ist dabei immer die optimale Ausrichtung des Unterrichtshandelns auf das Lernen der Schüler. Ein Werkzeug zur Unterstützung stellen dabei die Kernaspekte zur Planung und Reflexion von Unterricht dar. Damit geht kollegiales Unterrichtscoaching über andere Ansätze zur kooperativen Unterrichtsentwicklung hinaus.

Als notwendige Voraussetzung betrachte ich es, dass sich ein Kollegium vor der Einführung einer kollegialen Hospitation bereits intensiv mit der Thematik Unterrichtsqualität auseinandergesetzt hat. Kollegiale Hospitationen sollten in Paaren oder Dreiergruppen stattfinden. Diese Teams werden zu Beginn konstituiert und arbeiten möglichst über einen längeren Zeitraum zusammen. Deshalb kommt dem Prozess der Teambildung eine wichtige Rolle zu. Folgende Rahmenbedingungen sollten Beachtung finden:

- Es ist günstig, wenn die Teammitglieder dasselbe Fach und dieselbe Stufe unterrichten.
- Grundvoraussetzung ist die gegenseitige Wertschätzung und Offenheit gegenüber neuen Konzepten
- Der Stundenplan muss entsprechend angepasst werden.

Evaluation des eigenen Unterrichts

Unterrichtsevaluation als Teil des professionellen Lehrerhandelns sollte der Reflexion der eigenen Ziele und Leistungen dienen, aber auch für die Planung und Steuerung von Entwicklungsprozessen genutzt werden. Grundlage dafür ist die genaue Bestimmung und Dokumentation des Ist-Zustandes. Man kann nicht einfach mal ebenso sagen: „Heute ist ein guter Tag, heute evaluiere ich meinen Unterricht." Dies wäre fatal, unprofessionell und vertane Zeit.

Für diese Diagnose können verschiedene Methoden und unterschiedliche Sichtweisen genutzt werden. So bieten sich z. B. neben Fragebögen, kollegialer Unterrichtshospitation oder Videoaufzeichnungen auch die Protokollierung des eigenen Unterrichts in Form von Tagebüchern oder Lernjournalen an. Das Schüler-Feedback zum Unterricht stellt in diesem Zusammenhang eine sehr wichtige Perspektive dar, die wertvolle Informationen liefern kann, da hier aus der Sicht der direkt Beteiligten Hinweise auf Stärken und Schwächen des Unterrichts gegeben werden. Viele Lehrer scheuen sich davor, ein Schüler-Feedback einzuholen, aus Angst, die Schüler könnten Aspekte aufzeigen, die die jeweiligen Lehrer nicht wahrhaben wollen.

Tipp

Gehen Sie als Schulleiter in die Offensive, zeigen Sie offen die Ergebnisse Ihrer eigenen Unterrichtsevaluation, lassen Sie Kollegen auch bei sich selbst hospitieren oder nehmen Sie ebenso aktiv an der kollegialen Hospitation in Ihrem Fachbereich teil. In diesem Punkt können Sie als Schulleiter mit Ihrer Vorbildfunktion sehr viel erreichen. Es ist überhaupt kein Problem, dass auch Sie Fehler machen, das macht Sie nur menschlich und genauso, wie es dem Lehrer-Schüler-Verhältnis gut tut, wenn der Lehrer offensiv mit seinen Fehlern umgeht, gilt das Gleiche für die Schulleiter-Lehrerbeziehung.

Als ich die ersten Male als relativ unerfahrener Fachseminarleiter Referendare in meinen Unterricht eingeladen habe, war es auch meine größte Angst, ja keinen Fehler zu machen. Es geht aber nicht darum, ja keine Fehler zu machen, sondern darum, offen mit diesen Fehlern umzugehen.

Meine Erfahrung zeigt mir ständig aufs Neue, dass es „die perfekte Unterrichtsstunde" nicht gibt. Es kommt immer auch darauf an, aus welcher Perspektive man den Unterricht betrachtet.

Mit meinen Hauptseminarleiterkollegen habe ich schon viele Stunden auch gemeinsam gesehen und wir haben uns darüber ausgetauscht. Selbst bei den gleichen zugrunde liegenden Kriterien der Unterrichtsqualität kommt es zu unterschiedlichen Wahrnehmungen und Einschätzungen – das ist ganz normal.

5.4 Auf den Punkt gebracht

Die Entwicklung von Unterrichtsqualität ist eine notwendige, aber auch sehr schwierige Aufgabe des Schulleiters. Folgende Schrittfolge könnte in diesem Zusammenhang nützlich sein:

- Anregungen schaffen, dass die Lehrer über ihren eigenen Unterricht nachdenken und ihr Lehrerhandeln hinterfragen
- Ausbildung von Referendaren an der Schule und damit Gewinnung von Ausbildungslehrern (Mentoren)
- Anbieten qualifizierter Fortbildungen
- gemeinsame Unterrichtsvorbereitung in Fachteams
- Öffnung der Schule für neue Medien
- Etablierung von kollegialen Unterrichtshospitationen (einschließlich der Videografie)
- Evaluierung von Unterricht

Es gibt viele Möglichkeiten, die Unterrichtsqualität weiter zu entwickeln, die Entscheidende ist aber nach wie vor die Reflexionskompetenz des Lehrers und dessen Bestrebungen, daraus die richtigen Schlussfolgerungen für die weitere Arbeit zu ziehen. Deshalb muss an dieser Kompetenz immer und immer wieder gearbeitet werden.

Schulleiter müssen in diesem Prozess Vorreiter sein.

Literatur

Abels, Simone (2011): Lehrerinnen und Lehrer als „Reflective Practitioner" – Die Bedeutsamkeit von Reflexionskompetenz für einen demokratieförderlichen Naturwissenschaftsunterricht. Dissertation. Wiesbaden: VS Verlag für Sozialwissenschaften.

Baumert, Jürgen / Kunter, Mareike (2006): Stichwort: Professionelle Kompetenz von Lehrkräften. In: Zeitschrift für Erziehungswissenschaft 9 (4), 469–520.

Beck, Erwin / Baer, Matthias / Guldimann, Titus / Bischoff, Sonja / Brühwiler, Cristian / Müller, Peter / Niedermann, Ruth / Rogalla, Marion / Vogt, Franziska (2008): Adaptive Lehrkompetenz. Analyse und Struktur, Veränderung und Wirkung handlungs-steuernden Lehrerwissens. Münster: Waxmann.

Becker, Georg, E. (1998): Unterricht auswerten und beurteilen. Handlungsorientierte Didaktik Teil 3. Weinheim/Basel: Beltz.

Becker, Gerold / Feindt, Andreas / Meyer, Hilbert et al. (2007): Guter Unterricht. In: Friedrich Jahresheft XXV. Seelze-Velber: Friedrich.

Bönsch, Manfred (2006): Allgemeine Didaktik. Ein Handbuch zur Wissenschaft von Unterricht. Stuttgart: Kohlhammer.

Bönsch, Manfred ([2]2004): Differenzierung in Schule und Unterricht. München: Ehrenwirth.

Bönsch, Manfred (2008): Intelligente Unterrichtsstrukturen. Baltmannsweiler: Schneider Hohengehren.

Bonsen, Martin / Rolff, Hans-Günther (2006): Professionelle Lerngemeinschaften von Lehrerinnen und Lehrern. In: Zeitschrift für Pädagogik 52 (2),167–184.

Bonsen, Martin / von der Gathen, Jan (2006): Fünf Säulen professionellen Lernens. Das Konzept der Professionellen Lerngemeinschaft in der Schulpraxis. In: Journal für Schulentwicklung, 10 (3), 23–28.

Brophy, Jere (2002): Gelingensbedingungen von Lernprozessen. Landesinstitut für Schule und Weiterbildung des Landes NRW. Soest.

Brüning, Ulrike / Müller, Hans-J. / Schüßler, Ingeborg (1995): Allgemeine Didaktik. Skript zur gleichnamigen Lehrveranstaltung im Lehramtsstudiengang (hausinterner Druck des Fachgebietes Pädagogik an der Universität Kaiserslautern), 34.

Chott, Peter, O. (1999): Ansätze zur Förderung einer Fehlerkultur. PÄDforum 3. Baltmannsweiler: Schneider Hohengehren.

Eva Diel, Lisa Schmitt (2010): Fragebögen zur Unterrichtsqualität. Wiesbaden: Hessisches Kultusministerium – Institut für Qualitätsentwicklung (IQ).

Ekman, Paul (2007): Gefühle lesen. Wie Sie Emotionen erkennen und richtig interpretieren. Heidelberg: Spektrum Akademischer Verlag, 249.

Gräsel, Cornelia / Fussangel, Kathrin / Pröbstel, Chirstian (2006): Lehrkräfte zur Kooperation anregen – eine Aufgabe für Sisyphos? Zeitschrift für Pädagogik 52 (2), 205–219.

Green, Norm / Green, Kathy (2005): Kooperatives Lernen im Klassenraum und im Kollegium. Ein Trainingsbuch. Seelze-Velber: Friedrich.

Groeben von der, Annemarie (2008): Verschiedenheit nutzen. Berlin: Cornelsen.

Gudjons, Herbert (2003): Frontalunterricht – neu entdeckt. Bad Heilbrunn: Klinkhardt, 215–254.

Handke, Ulrike (2008): Mehr Erfolg im Unterricht. Berlin: Cornelsen.

Helmke, Andreas (42012): Unterrichtsqualität und Lehrerprofessionalität. Seelze-Velber: Kallmeyer.

Helmke, Andreas (2007): Was wissen wir über guten Unterricht. In: Pädagogik 06/07. Weinheim/Basel: Beltz, ebenso Pädagogik 2, Februar 2006, 42–45.

Helmke, Andreas / Schrader, Friedrich-Willhelm: Merkmale der Unterrichtsqualität (2010): Potenzial, Reichweite und Grenzen. In: *Schaal, Bernd / Huber, Franz* (Hrsg.): Qualitätssicherung im Bildungswesen. Münster: Waxmann, 69–108.

Helmke, Andreas / Pham, Giang (2013): Unterrichtsdiagnostik. In: *Wirtz, Markus A.* (Hrsg.): Dorsch – Lexikon der Psychologie. Bern: Huber, 1602.

Helmke, Andreas / Reinhardt, Volker (2013): Interview mit Prof. Dr. Andreas Helmke zur Hattie-Studie. Interviewt von Prof. Dr. Volker Reinhardt. In: Lehren und Lernen 39 (7), 8–15.

Helmke, Andreas / Schrader, Friedrich-Willhelm (2013): Unterrichtsqualität. In: *Wirtz, Markus A.* (Hrsg.): Dorsch – Lexikon der Psychologie. Bern: Huber, 1604.

Helmke, Andreas / Weinert, Franz. E. (1997): Bedingungsfaktoren schulischer Leistungen. In: Weinert, Franz E. (Hrsg.): Enzyklopädie der Psychologie 3. Psychologie des Unterrichts und der Schule. Göttingen: Hogrefe, 71–176.

Helmke, Andreas (2003): Unterrichtsqualität erfassen, bewerten, verbessern. Seelze-Velber: Kallmeyer.

Hattie, John A. C. (2009): Visible Learning. A synthesis of over 800 meta-analyses relating to achievement. London: Routledge.

Hattie, John A. C. (2011): Visible Learning for Teachers. Maximum Impact on Learning. London/New York: Routledge.

Hattie, John A. C. (2013): Lernen sichtbar machen. Baltmannsweiler: Schneider Hohengehren..

Klingen, Paul (2005): Coaching – ein Ausbildungsinstrument in der Referendarausbildung. In: Wirtschaft und Erziehung 2/2005.

Koller, Olaf / Möller, Jens (2012): Was wirklich wirkt: *John Hattie* resümiert die For-
schungsergebnisse zu schulischem Lernen. In: Schulmanagement 4, 34–37.

Kölln, Detlef (2004): Hospitation – ungeliebtes Ritual oder flexibles Personalentwick-
lungsinstrument. In: *Buchen, Herbert* et al.: Praxishandbuch Schulleitung und
Schulentwicklung. Berlin/Stuttgart: Raabe.

Landesinstitut für Lehrerbildung Land Brandenburg (2012): Unterricht zielorientiert
beobachten und beurteilen. Potsdam.

Landesinstitut für Lehrerbildung Land Brandenburg (2012): Kriterien und mögliche
Indikatoren für die Beurteilung von Unterrichtsqualität. Potsdam.

Meyer, Hilbert ([9]2013): Was ist guter Unterricht? Berlin: Cornelsen.

Meyer, Hilbert / Demuth, Reinhard (2009): Unterricht weiterentwickeln und beurteilen. München: Oldenbourg.

Mutzeck, Werner (2002): Kooperative Beratung. Grundlagen und Methoden der
Beratung und Supervision im Berufsalltag. Weinheim/Basel: Beltz.

Niggli, Alois (2001): Ein Mentoring-Programm mit Coaching-Anteilen für
die Ausbildung von Lehrpersonen. In: Beiträge zur Lehrerbildung 19 (2), Zürich.

Sandfuchs, Uwe (2012): Das Lernen lernen. In: Grundschule 7/8.

Schelten, Andreas (2008): Lehrerkompetenzen und Lehrereignung an Berufsschulen.
In: Die berufsbildende Schule 60. Berlin.

Schulz von Thun, Friedemann (1993): Miteinander reden. Band 1. Störungen und
Klärungen. Allgemeine Psychologie der Kommunikation. Reinbek bei Hamburg:
Rowohlt.

Steffens, Ulrich / Höfer, Dieter (2011): Zentrale Befunde aus der Schul- und Unterrichtsforschung. Eine Bilanz aus über 50 000 Studien. In: SchulVerwaltung, Ausgabe Hessen/Rheinland-Pfalz 16 (10).

Steffens, Ulrich / Höfer, Dieter (2011): Was ist das Wichtigste beim Lernen? Die päda-
gogisch-konzeptionellen Grundlinien der Hattieschen Forschungsbilanz aus über
50 000 Studien. Teil 2. In: SchulVerwaltung. Ausgabe Hessen/Rheinland-Pfalz 16
(n/20U), 294–298.

Terhart, Ewald (2011): Hat *John Hattie* tatsächlich den Heiligen Gral der Schul- und
Unterrichtsforschung gefunden? Eine Auseinandersetzung mit Visible Learning.
In: *Keiner, Edwin* et al. (Hrsg.): Metarmorphosen
der Bildung. Historie – Empirie – Theorie. Bad Heilbrunn: Klinkhardt, 277–292.

Tietze, Kurt (2003): Kollegiale Beratung. Problemlösungen gemeinsam entwickeln.
Reinbek bei Hamburg: Rowohlt.

Thiel, Erhard (1994): Körpersprache verrät mehr als tausend Worte. Genf/München: Ariston.

Watzlawick, Paul: Die Axiome von Paul Watzlawick. Unter: http://www.paulwatzlawick.de/axiome.html (letzter Zugriff am 4.10.2013).

Weinert, Franz E. (1997) (Hrsg.): Psychlogie des Unterrichts und der Schule. Göttingen: Hofgrefe.

Wiechmann, Jürgen (2006): Direkte Instruktion, Frontalunterricht, Klassenunterricht. In: *Arnold, Karl-Heinz* et al. (Hrsg.): Handbuch Unterricht. Bad Heilbrunn: Klinkhardt, 265–267.

Wiechmann, Jürgen (1999) (Hrsg.): Zwölf Unterrichtsmethoden. Weinheim/Basel: Beltz.

Zimmermann, Monika / Welzel, Manuela (2008): Reflexionskompetenz – ein Schlüssel zur naturwissenschaftlichen Frühförderkompetenz (NFFK). In: Institut für Weiterbildung Pädagogische Hochschule Heidelberg (Hrsg.): Aspekte zur Elementarbildung II. Landau: Verlag Empirische Pädagogik, 29–36.

Register